神圣的宝塔

中华文化风采录

千秋圣殿奇观

陈 璞 ◎ 编著

北方妇女儿童出版社
·长春·

图书在版编目（CIP）数据

神圣的宝塔 / 陈璞编著. —长春：北方妇女儿
童出版社，2017.5（2022.8重印）
（千秋圣殿奇观）
ISBN 978-7-5585-1059-5

Ⅰ．①神… Ⅱ．①陈… Ⅲ．①古塔—介绍—中
国 Ⅳ．①K928.75

中国版本图书馆CIP数据核字(2017)第103421号

神圣的宝塔
SHENSHENG DE BAOTA

出 版 人	师晓晖
责任编辑	吴　桐
开　　本	700mm×1000mm　1/16
印　　张	6
字　　数	85千字
版　　次	2017年5月第1版
印　　次	2022年8月第3次印刷
印　　刷	永清县晔盛亚胶印有限公司
出　　版	北方妇女儿童出版社
发　　行	北方妇女儿童出版社
地　　址	长春市福祉大路5788号
电　　话	总编办：0431-81629600
定　　价	36.00元

习近平总书记说："提高国家文化软实力，要努力展示中华文化独特魅力。在5000多年文明发展进程中，中华民族创造了博大精深的灿烂文化，要使中华民族最基本的文化基因与当代文化相适应、与现代社会相协调，以人们喜闻乐见、具有广泛参与性的方式推广开来，把跨越时空、超越国度、富有永恒魅力、具有当代价值的文化精神弘扬起来，把继承传统优秀文化又弘扬时代精神、立足本国又面向世界的当代中国文化创新成果传播出去。"

为此，党和政府十分重视优秀的先进的文化建设，特别是随着经济的腾飞，提出了中华文化伟大复兴的号召。当然，要实现中华文化伟大复兴，首先要站在传统文化前沿，薪火相传，一脉相承，弘扬和发展5000多年来优秀的、光明的、先进的、科学的、文明的和自豪的文化，融合古今中外一切文化精华，构建具有中国特色的现代民族文化，向世界和未来展示中华民族具有独特魅力的文化风采。

中华文化就是中华民族及其祖先所创造的、为中华民族世世代代所继承发展的、具有鲜明民族特色而内涵博大精深的优良传统文化，历史十分悠久，流传非常广泛，在世界上拥有巨大的影响力，是世界上唯一绵延不绝而从没中断的古老文化，并始终充满了生机与活力。

浩浩历史长河，熊熊文明薪火，中华文化源远流长，滚滚黄河、滔滔长江是最直接的源头，这两大文化浪涛经过千百年冲刷洗礼和不断交流、融合以及沉淀，最终形成了求同存异、兼收并蓄的辉煌灿烂的中华文明。

中华文化曾是东方文化的摇篮，也是推动整个世界始终发展的动力。早在500年前，中华文化催生了欧洲文艺复兴运动和地理大发现。在200年前，中华文化推动了欧洲启蒙运动和现代思想。中国四大发明先后传到西方，对于促进西方工业社会形成和发展曾起到了重要作用。中国文化最具博大性和包容性，所以世界各国都已经掀起中国文化热。

中华文化的力量，已经深深熔铸到我们的生命力、创造力和凝聚力中，是我们民族的基因。中华民族的精神，也已深深根植于绵延数千年的优秀文化传统之中，是我们的精神家园。但是，当我们为中华文化而自豪时，也要正视其在近代衰微的历史。相对于5000年的灿烂文化来说，这仅仅是短暂的低潮，是喷薄前的力量积聚。

中国文化博大精深，是中华各族人民5000多年来创造、传承下来的物质文明和精神文明的总和，其内容包罗万象，浩若星汉，具有很强的文化纵深感，蕴含丰富的宝藏。传承和弘扬优秀民族文化传统，保护民族文化遗产，已经受到社会各界重视。这不但对中华民族复兴大业具有深远意义，而且对人类文化多样性保护也是重要贡献。

特别是我国经过伟大的改革开放，已经开始崛起与复兴。但文化是立国之根，大国崛起最终体现在文化的繁荣发展上。特别是当今我国走大国和平崛起之路的过程，必然也是我国文化实现伟大复兴的过程。随着中国文化的软实力增强，能够有力加快我们融入世界的步伐，推动我们为人类进步做出更大贡献。

为此，在有关部门和专家指导下，我们搜集、整理了大量古今资料和最新研究成果，特别编撰了本套图书。主要包括传统建筑艺术、千秋圣殿奇观、历来古景风采、古老历史遗产、昔日瑰宝工艺、绝美自然风景、丰富民俗文化、美好生活品质、国粹书画魅力、浩瀚经典宝库等，充分显示了中华民族厚重的文化底蕴和强大的民族凝聚力，具有极强的系统性、广博性和规模性。

本套图书全景展现，包罗万象；故事讲述，语言通俗；图文并茂，形象直观；古风古雅，格调温馨，具有很强的可读性、欣赏性和知识性，能够让广大读者全面触摸和感受中国文化的内涵与魅力，增强民族自尊心和文化自豪感，并能很好地继承和弘扬中国文化，创造未来中国特色的先进民族文化，引领中华民族走向伟大复兴，在未来世界的舞台上，在中华复兴的绚丽之梦里，展现出龙飞凤舞的独特魅力。

七级浮屠——大雁塔

誉满神州——雷峰塔

天地四方——西湖六和塔

天下第一塔——开封铁塔

大雁塔

　　大雁塔是古都西安的象征，位于陕西省西安市南郊慈恩寺内，距今已有1300多年的历史。大雁塔全称"慈恩寺大雁塔"，始建于652年，原称慈恩寺浮屠。

　　大雁塔是我国仿木构楼阁式砖塔中的"佼佼者"，更以"唐僧取经"的故事驰名中外。塔上陈列有佛舍利子、佛足石刻、唐僧取经足迹石刻等，以及两通珍贵石碑"二圣三绝碑"，具有极高的艺术价值。

玄奘奏请唐太宗建大雁塔

大雁塔坐落于西安市南郊的大慈恩寺内，也叫大慈恩寺塔，是我国西安最著名的古塔。

早在唐代，大雁塔就已经成为我国著名的游览胜地，塔内留有大量文人雅士的题记，仅明清时期的题名碑就有200多块。

提起大雁塔，就不得不说说慈恩寺。因为大雁塔的建成及日后的辉煌，是与大慈恩寺密不可分的。

大慈恩寺创建于隋代，原名无漏寺。到了唐贞观年间，唐太子李治因思念亡母文德皇后，命

■李治（628年～683年），字为善，唐太宗李世民第九子，母亲是文德皇后长孙氏。他22岁登基，在位34年，683年病逝，终年56岁，葬于陕西乾陵。

人在无漏寺的旧址上造寺建塔，为母亲追荐冥福，这就是慈恩寺。

慈恩寺是当时唐朝长安城里规模最大的寺院，面积约27万平方米，共1800多间，雄伟壮观，异常豪华。

慈恩寺建成之初，就迎请当时有名的高僧玄奘担任上座法师，玄奘就在这里创立了大乘佛教慈恩宗。此后，慈恩寺就成了我国大乘佛教的圣地。

公元656年，唐高宗御书《大慈恩寺碑记》，从此，寺名由"慈恩寺"改称为"大慈恩寺"。

在唐代，慈恩寺是长安城内最著名、最宏丽的佛寺，唐三藏玄奘曾在这里主持寺务，领管佛经译场，而位于寺内的大雁塔又是玄奘亲自督造，所以大慈恩寺在我国佛教史上具有十分突出的地位。

在玄奘的带动下，慈恩寺很快成为中外闻名的佛学研究中心，盛极一时。不但国内僧众前来质疑问难的络绎不绝，而且日本、朝鲜、印度和西域各国的僧人来到长安时，也大都慕名住在慈恩寺内。

唐代慈恩寺的殿堂楼阁都是用上等的佳木修筑而成，壁画均为阎立本、吴道子、尉迟乙僧等名家所作，特别富丽华美。

■ 玄奘（602或600年~664年），唐朝时期著名的三藏法师，汉传佛教史上最伟大的译经师，也是我国佛教法相唯识宗的创始人。俗姓陈，名祎，是我国著名古典小说《西游记》中人物唐僧的原型。

■ 大慈恩寺内的大
雄宝殿

伽蓝佛 是指释
迦牟尼最初走出
王宫，最先问道
的外道仙人，又
称作阿啰荼伽罗
摩、阿蓝伽蓝、
阿蓝、罗伽蓝、
伽蓝等，意译是
自诳、懈息的意
思。伽蓝佛与郁
陀罗摩子并称于
世。也是寺院道
场的通称。

慈恩寺的碑屋，是放置唐高宗《御书大慈恩寺碑》的房舍，装饰极为华丽。

唐高宗爱好书法，这块碑是用行书写成，用飞白笔法所写的"显庆元年"4字，更是神妙。

慈恩寺在唐代一直受到上至朝廷下至平民的高度重视。唐代末年，由于战乱，慈恩寺遭到严重破坏。自宋代以来，大雁塔曾被几次破坏、几次修葺，但寺院的规模仅仅局限于塔下。

大雄宝殿内供有三身佛：法身佛、报身佛和应身佛。宝殿的东西两壁前，塑有十八罗汉、文殊菩萨和普贤菩萨像。大殿后面的法堂东墙有玄奘石刻拓像，两边有玄奘的弟子窥基和圆测的石刻拓像。法堂后面就是巍巍大雁塔。

大雁塔建于652年，因坐落在慈恩寺，又称慈恩寺塔。关于"雁塔"这个名字的由来，历来有不同的说法。

相传在玄奘法师西天拜佛求经的路上，有一天，玄奘法师走到大漠，遇上了风沙，迷失了方向。

此时，玄奘法师的粮食和水所剩无几，眼看就要陷入绝境。面对这种危机，玄奘法师依然淡然盘膝而坐，念经呼法号。

这时，从远方飞来一只大雁，在玄奘面前抖翅低鸣，频频将脖颈伸向远方。玄奘法师领会其意，就跟随这只大雁走出了荒漠，找到了水源。

玄奘法师对大雁充满了感激之情。回国后，在修建大慈恩寺的时候，他就将塔命名为"雁塔"。

关于塔名的另一种说法来自古印度伽蓝佛，据说他曾穿凿石山做五层高塔，最下面一层是大雁的形

七级浮屠

大雁塔

■ 俯拍大雁塔广场

状，称为雁塔。玄奘最初设计建造的塔就采用了这种形制，故名"雁塔"。

还有一种说法和佛祖释迦牟尼有关，相传佛祖释迦牟尼曾化身为一只鸽子，解救天下苍生。唐代人习惯上崇尚大雁，通常都以大雁泛指鸟类，因此把塔取名为"雁塔"。

关于雁塔之名的来源，还有一种说法是，建塔的地点过去常有大雁落脚，在为塔取名时，正好有大雁飞过，玄奘一指大雁，就给此塔定名为"雁塔"。

■ 西安唐大雁塔

当然，不管"雁塔"二字究竟来自哪里，雁塔之名是确定了的。

说起大雁塔，首先就要提到它的建设者唐代高僧玄奘。如果没有玄奘，就不会有赫赫有名的大雁塔。

公元627年，玄奘与其他僧侣结伴上表奏请朝廷，申请赴印度取经。当时，唐王因建国之初，社稷未稳，下诏不许。后来，其他人纷纷退缩，而玄奘不为所动，矢志不改，并且利用出国前的3年时间，在佛经研究、语言梵文及物质精神等方面做了充分的准备。贞观三年（629年），玄奘陈表出国，有诏不许，遂偷出边卡。

公元629年，玄奘与从长安出发，开始了艰难的

丝绸之路 简称"丝路"，最早出现在我国的商朝和秦汉时期。通常所指的丝绸之路是穿越中亚、翻过帕米尔高原、抵达西亚的线路，是我国古代中外交通干线。

西域之旅。他一个人骑着马沿着丝绸之路，克服了数不清的艰难险阻，经过整整3年的跋涉和25 000千米的艰苦行程，终于到达了佛教圣地天竺。玄奘到达天竺后，在著名的那烂陀寺学习，并拜戒贤长老为师。

后来，玄奘又用了5年时间，在天竺佛国寻道，游遍印度国。当他返回那烂陀寺时，已经位居这座佛教最高学府的主讲，地位仅次于恩师戒贤。

公元642年，在玄奘求法圆满准备返回大唐时，他接受邀请，参加了古印度规模空前、规格很高的佛教学术盛会。在会上，玄奘法师为论主，其辩才无碍、博学宏论折服了与会者，连续18天无人能发论辩驳。大乘僧众称玄奘法师为"大乘天"，小乘佛教僧众称他为"解脱天"，佛教里的"天"，就是菩萨众神。

为了回到大唐翻译佛经、弘扬佛法，玄奘说服劝阻自己回国的恩师、道友以及各国国王，于公元645年携经卷657部、佛像8尊以及大量舍利，载誉回到长安。

玄奘的壮举震动了大唐上下，当时，朝廷在慈恩寺举行了空前盛大的欢迎仪式，出动1500多辆轩车，200多幅刺绣佛像，500多幅以金线绣出的经幡，入寺和送行的高僧分坐500辆宝车，盛况空前。公元649年，大慈恩寺落成，玄奘担

■ 大雁塔

住持 佛教僧职，又称方丈、住职。原来是久住护持佛法的意思，是掌管一个寺院的主僧。禅宗兴起后寺院主管僧人称为住持。我国从唐代开始在寺院设立住持一职。

大雁塔

化缘 佛教术语。本义是佛、菩萨高僧等示现、教化众生的因缘。佛教认为，能布施斋僧的人就是与佛门有缘，僧人以募化乞食广结善缘，故称化缘。还可以指募化活动。

任寺院的首任住持，专心致力于佛经翻译事业。

玄奘从印度归来后，为了保存从印度取回的佛经、佛像和舍利，想向朝廷提出在大慈恩寺建一座石塔。于是，玄奘就上书唐高宗，请求在慈恩寺正北门建一座90多米高的石塔，以供奉和贮藏他从印度带回来的这些宝物。

唐高宗认为，石塔工程浩大，短时间内难以完成，不愿玄奘为此事辛劳。于是，公元652年，在慈恩寺西院，建造了一座仿印度形式的砖塔，这座塔就叫"雁塔"。

至于建塔的经费来源，玄奘的本意是通过化缘、信民奉献等方式自己筹划，只需朝廷批准即可。然而，出于对玄奘的关心，唐太宗特意提出：

■ 大慈恩寺后面的大雁塔

不愿法师辛苦。今已敕大内东宫、掖庭等七宫亡人衣物助法师，足得成办。

由此可见，大雁塔是"民建官助"的。而这个"官助"也仅仅是以"七宫亡人衣物"的相助，官府本身并不支出特别的经费。

大雁塔规模宏大，即

使对于繁荣时期的唐朝来说，也是一个不小的工程。这个浩大工程的经费，居然是来自内宫的宫女，这有点令人感到不可思议。

唐太宗时期，虽然也曾让一部分宫人回家，但皇宫里的宫人数量仍然很多，常有数万人。于是，那些生活凄惨而又毫无希望的宫人，便把宗教信仰作为她们重要的精神寄托。

这些可怜的宫人把改变命运希望，哪怕是"来世"命运的希望，寄托于佛教。因此，在大雁塔及后来的小雁塔修建过程中，很多宫女都把自己多年来辛苦积攒的积蓄布施给大雁塔的修建，还有很多宫女，在死后把遗物献给了大雁塔。

后来，"雁塔"虽经过武则天更拆重建，名称却一直沿用没有更改。

玄奘大师西去取经载誉回国后，受到了唐太宗敕请，并让他在弘福寺翻译佛经。当时的弘福寺集中了各地的博学高僧，组成佛经译场，由玄奘担任翻译主持。一直到大慈恩寺初建落成，玄奘才奉敕来到寺院任首任住持，继续译经。

在朝廷的支持下，玄奘主持的译经院规模空前。这支译经队伍以玄奘为首，由右仆射房玄龄和太子左庶子许敬宗，奉敕具体组织，集中了全国一流的佛教

■ 武则天（624年~705年），我国历史上唯一一个正统的女皇帝，也是诗人和政治家，终年82岁。她退位后，唐中宗恢复唐朝，改称"则天大圣皇后"。武则天去世后中宗将她入葬乾陵。

房玄龄（579年-648年）是唐代初年著名宰相、杰出的谋臣，大唐贞观之治的主要缔造者之一。房玄龄智能高超、功勋卓越、地位显赫。他善用伟才、敏行慎吉，可谓一代英才。

精英。

　　由于玄奘精通三藏，深得佛经奥旨，广博各宗各派，梵文外语功力和学问根底深厚，所以在翻译过程中，既要忠实原著和源流变化，又要深会其意，纠正归失，补充疏漏，这项工作进展得颇有成效。

　　在翻译工作中，玄奘每天都自立课程进度，且用朱笔细心标注翻译进展记号，他一个人就译出经文1300多卷。

　　公元664年，操劳一生的玄奘法师因病在玉华寺圆寂。他的灵柩被运回长安，供奉在大慈恩寺，最后安葬于长安城东白鹿原上。

　　这位传奇式的人物被尊称为三藏法师，他不畏艰难前往西天取经的故事，自唐代以来广为流传。明代小说家吴承恩在三藏法师取经故事的基础上完成巨著《西游记》，成为我国四大古典名著之一。

阅读链接

　　关于大雁塔名称的由来还有一个古老的传说。按照印度佛教的传说，当初的小乘佛教是不忌荤腥的。

　　相传很久以前，古印度有一个摩揭陀王国。有个寺院的和尚信奉小乘佛教。可是，好长一段时间和尚们没有肉吃。一天，空中飞来一群大雁。

　　有位和尚半开玩笑地说："今天大家都没有东西吃了，菩萨应该知道我们肚子饿呀！"话音刚落，只见一只大雁坠死在和尚的面前。和尚惊喜交加，寺内众僧都认为这是如来佛在教化他们，于是就在雁落之处，以隆重的仪式葬雁建塔，将塔取名为雁塔。

七层宝塔与佛祖舍利

　　大雁塔建塔时,作为慈恩寺主持,高僧玄奘曾经亲自设计、指导和督导施工,他还亲自担运砖石建塔。

　　两年后,一座高5层的土心砖塔建成了,这就是最早的大雁塔。

　　大雁塔底层南门两侧,镶嵌着唐代著名书法家褚遂良书写的两块石碑,一块是《大唐三藏圣教序》,另一块是唐高宗撰写的《述三藏圣教序记》。石碑侧蔓草花纹,图案优美,造型生动。

■ 褚遂良 (596年~658或659年),字登善,唐朝政治家、书法家。汉族,浙江杭州人,他博学多才,初学虞世南,后取法王羲之,精通文史,与欧阳询、虞世南、薛稷并称"唐初四大书家",隋末时跟随薛举为通事舍人,后在唐朝任谏议大夫、中书令等职,公元649年与长孙无忌同受太宗遗诏辅政;后坚决反对武则天为后,遭贬长沙都督。传世墨迹有《孟法师碑》《雁塔圣教序》等。

大雁塔初建只有5层，当时由于是砖表土心的缘故，质量不好，四五十年后，便逐渐出现坍塌现象。

到了唐代武则天年间，由武则天带头，各王公大臣共同响应，施舍了大量钱财，重新营建了大雁塔。此次修建后，把大雁塔建到了10层。

正如章八元在《题慈恩寺塔》中所描述的那样："十层突兀在虚空，四十门开面面风。"

到了宋代熙宁年间，有游人登塔照明时，不慎失火，大雁塔旋梯损坏严重，不可再登。

此后若干年，大雁塔又因经历兵火战乱的破坏，上面3层遭到毁坏。于是，后人在塔的7层收顶攒尖，在塔体外又包砌了一层砖。这就是后人所见大雁塔的形状。

重修后的大雁塔塔身是用青砖砌成，各层壁面作柱枋、栏额等仿木结构；每层4面都砌有拱门。这种楼阁式砖塔，是我国佛教建筑艺术的杰作。

1000多年过去了，敕建的大慈恩寺寺院建筑早已不存在了，而民建的大雁塔却仍然保留，诠释着我国古代佛教建筑艺术的风格。

最初的大雁塔形状和结构是西域式的。塔的主体为5层，砖表土心，有相轮、露盘。整座塔呈三角形，形似埃及的金字塔。

大雁塔经历过两次大的改建

■ 大雁塔塔身

■ 唐太宗（599年～649年），李世民，唐朝第二位皇帝，在位23年，享年50岁。唐太宗不仅是著名的政治家、军事家，还是一位书法家和诗人。李世民登基后开创了著名的贞观之治。

后，和当初刚修的大雁塔相比，外形以及内部的结构上都有很大的改变。砖仿木结构的四方形楼阁式塔，由塔基、塔身、塔刹组成。塔体各层都是用青砖模仿我国唐代建筑砌檐柱、斗拱、栏额、檩枋、檐椽、飞椽等仿木结构，磨砖对缝砌成。

每层塔的4面均有券门，底层南门洞两侧镶嵌着唐太宗御撰的《圣教碑》和高宗李治所撰《述圣记》两通珍贵石碑，具有很高的艺术价值，人称"二圣三绝碑"。

大雁塔塔高64米多，塔基高4米，南北长约48米，东西长约45米。作为一座雄伟的分层建筑，大雁塔的每一塔层都各有特色。

进入大雁塔南门，就可以看到塔的第一层。洞壁两侧，镶嵌有多通明代题名碑，其中"名题雁塔，天地间第一流人第一等事也"就是当时雁塔风光的写照。

此外，描写玄奘辉煌一生的《玄奘负笈像碑》和《玄奘译经图碑》，也非常有价值。

在塔内第一层通天明柱上，悬挂着4副长联，写的是唐代的历史、人物、故事。同时，一层塔内，还设有古塔常识及我国名塔照片展，展示了佛塔的起源与发展，佛塔的结构和分类。

塔座登道的墁砖处，平卧一通"玄奘取经跬步足迹石"，所刻图案生动地反映了玄奘当年西天取经的传说故事，以及他万里征途积于

■ 大雁塔入口

文殊菩萨 文殊师利或曼殊室利，佛教四大菩萨之一，释迦牟尼佛的左胁侍菩萨，代表聪明智慧。因德才超群，居各大菩萨之首，是除了观世音菩萨之外最受尊崇的大菩萨。

普贤菩萨 我国佛教四大菩萨之一，是象征理德、行德的菩萨，同文殊菩萨的智德、正德相对应，是娑婆世界释迦牟尼佛的右胁侍，于是被称为"华严三圣"。

跬步、追求真理的奋斗精神。

大雁塔第二层的塔室内，供奉着一尊铜质鎏金的佛祖释迦牟尼佛像。这尊佛像是明代初年的宝贵文物，被视为定塔之宝。到此地的僧众，看到此像都争先礼拜瞻仰。

在两侧的塔壁上，还附有文殊、普贤菩萨壁画两幅，以及名人书法多幅。多是唐代诗人登临大雁塔有感而发的诗句，朗朗上口、意味悠长。

在大雁塔第三层塔室的正中，安置有一木座。座上存有珍贵的佛舍利及大雁塔模型。

有关舍利的由来还有一段故事，据说这颗舍利是印度玄奘寺住持悟谦法师赠送的，属一乘佛宝。

第四层设有一个大雁塔模型，是严格按照与真实的大雁塔1∶60的比例由名家制作，选材上乘，惟妙惟肖。大雁塔的第四层比较简单，也比较宽畅。

在大雁塔第五层上，陈列着一块释迦如来足迹碑，该碑是依据唐代玄奘法师晚年于铜川玉华寺，请石匠李天诏所刻制的佛足造像复制而成。足迹碑上有许多佛教图案，内涵丰富，素有"见足如见佛，拜足如拜佛"的说法。

在大雁塔第五层的塔室内，还收集展出有玄奘鲜为人知的数首诗词。通过这些诗词，人们可窥见玄奘在诗词方面的极深造诣。

大雁塔第六层悬挂有唐代5位诗人举行诗会时的佳作。

第七层是大雁塔的顶层，塔顶刻有圣洁的莲花藻井，中央为一朵莲花，花瓣上共有14个字，连环为诗句，可有数种念法。

在第七层的壁上玄奘所著《大唐西域记》中，记载了他在印度所闻的僧人埋雁造塔的传说，向人们解释了最可信的雁塔由来。

来到第七层也就到了大雁塔的最高处，人们可向四周远眺，古城四方景物尽收眼底，恰如置身于神奇美妙的佛国仙境。

在大雁塔底层南券门两侧，嵌立着两块高大的石碑。碑首有鳞甲森然的蟠，碑侧饰以富丽繁缛的卷叶蔓草纹。特别是碑座刻有生动传神的天人舞乐浮雕，舞带回环，似在飘动。这两块碑文上所刻的是《圣教序》，这个《圣教序》还有一个来历。

当时，唐太宗父子应玄奘的邀请，为他新译的经文撰写了序文和纪文，这就是《圣教序》。序文和纪文写好以后，由当时与欧虞齐名的当朝宰相褚遂良书写，刻于石上。

原来是立在玄奘所修的五层

大慈恩寺佛像

■ 大雁塔佛像

砖塔顶层石室之中，现在此碑文完好如初。褚遂良手书被刻于石上，更显得字迹挺拔秀媚，有人誉其婉丽绰约如美女婵娟，不输罗绮。世称《雁塔圣教》。

后来，后人利用《圣教序》的文章，又分别在玄奘的故乡河南省偃师县、褚遂良曾经任职的同洲、玄奘曾经居住讲经的长安弘福寺立了3通碑，和大雁塔的那通碑，合成"一文四碑"。当然，在这4通碑中，大雁塔的碑是最早的，也是最为出名的。

大雁塔与佛舍利可谓密切相关，千百年来，人们在谈论大雁塔时，总是禁不住对和大雁塔有关的佛舍利充满了兴趣。

佛教诞生在古印度，创始人释迦牟尼的肉身被焚化后，结晶体和未烧尽的遗骨，被称作舍利，由他的亲属和弟子们作为圣物收藏起来。后来被分成若干份，送往世界各地，建塔供奉。据说，这些舍利的一部分传到了我国。

舍利来源于印度，梵语音译为"设利罗"，译成中文为灵骨、身骨，是得道高僧经过火葬后所留下的结晶体。不过，舍利和一般死人的骨头不同。

弘福寺 位于贵阳市黔灵山群峰中心，素有"黔南第一山"的美誉。由赤松和尚建于1672年，"弘福"二字是"弘佛大愿，救人救世，福我众生，善始善终"的意思。赤松又被称为弘福寺的开山始祖。

舍利的形状千变万化，有圆形、椭圆形，有呈莲花形，也有呈佛或菩萨状的；它的颜色有白、黑、绿、红的，也有其他颜色；舍利子有的像珍珠，也有的像玛瑙、水晶；有的透明，有的光明照人，就像钻石一般。但是，并非所有的僧人死后都可以产生舍利子，舍利乃佛祖或得道高僧道行甚高的体现，是其戒、定、慧三者转化的结晶，是佛祖或高僧在圆寂后火化时所生成的晶莹坚硬的颗粒。

火化后，仍然存在的原身体某部位的灵骨，被称为佛牙舍利、顶骨舍利、佛指舍利等。这些舍利在佛教界异常珍贵，往往带有圣洁和神秘的色彩。

大雁塔与佛舍利密切相关。公元652年，玄奘法师当初为存放从西域所取经像、舍利而建造大雁塔，而玄奘法师究竟从西域带回多少舍利，历来有很多观点。

在《法师传》中记载仅说是150枚肉舍利和1匣骨舍利，具体数量并没有说明。而在该书描写修塔一节时说："层层中心皆有舍利，或

■ 大雁塔附近的佛像

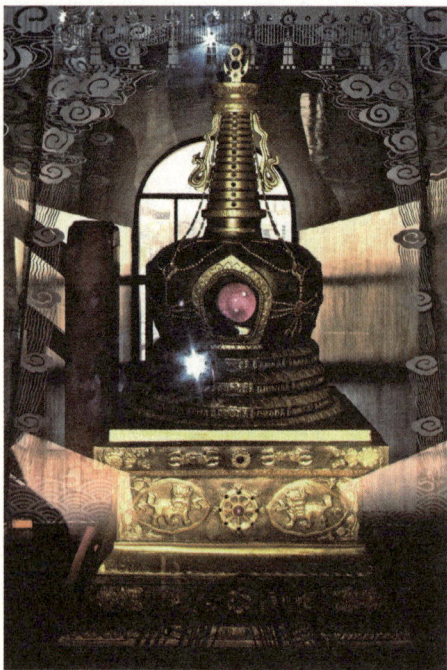

神圣的宝塔

■ 舍利子 原指佛教祖师释迦牟尼佛，圆寂火化后留下的遗骨和珠状宝石样生成物。舍利子印度语叫作驮都，译成中文叫灵骨、身骨、遗身。是僧人去世，火葬后所留下的结晶体。舍利子跟一般死人的骨头是完全不同的。它们形状不一，颜色各异，有的像钻石。

一千，二千，凡一万余粒。"

后来，大雁塔经过武则天重新改建时，将塔中原有的舍利如何处置的，就没有翔实的史料记载了。

玄奘法师历经千辛万苦所取的佛舍利，究竟是另行存放，还是散失，这些都成了千古之谜。直到后来，大雁塔接待了来自印度玄奘寺的住持、印籍华侨高僧悟谦法师。悟谦法师原籍陕西咸阳，自幼出家，以玄奘为楷模，到印度寻求佛法。

悟谦法师来到我国时，已经年逾古稀，在印度玄奘寺任住持。他来到大慈恩寺后，把两颗珍贵的佛舍利子赠给大雁塔。这两颗舍利，一颗直径3.5毫米，一颗直径1.5毫米。现在大雁塔上安放的佛舍利，就是当年悟谦法师所赠的那两颗。

阅读链接

佛教的创始人释迦牟尼曾是古印度的一位王子，他29岁时出家修行，最后在菩提树下悟出了人生真谛，创立了佛教，被尊为佛祖。公元前486年，80岁的释迦牟尼去世，弟子们将他的尸体焚化，把他留下的尸骨结晶体和未烧尽的遗骨称作舍利，并作为圣物收藏起来。

释迦牟尼圆寂250多年后，古印度阿育王统一了印度。这位晚年皈依佛门的国王将佛祖的舍利收集起来，重新分成若干份，送往世界各地建塔供奉。

雁塔题名历载文化底蕴

大雁塔不同于一般的佛塔，它坐落在当时的大唐都城长安，特殊的地理位置决定了它从建成那天起，就与我国文化结下了不解之缘。

从最初的褚遂良亲笔作书，到千古留名的雁塔题名，再到后来的杜甫等5位大诗人相约大雁塔吟诗，千百年来，大雁塔的文化已经成为大雁塔的一部分。

大雁塔在我国古代最令读书人向往的就是雁塔题名。雁塔题名始于唐代，它是指在长安考试中的状元、进士齐集到大雁塔题名，以及武举在小雁塔题名的文化活动。

雁塔题名在我国科举史上历代都非常有名，那是学子们考取功名以后，进行欢庆和纪

褚遂良画像

■ 大雁塔

念的一系列文化活动的组成部分，同时也是我国古代科举制度重要的传统内容之一。

在唐代，科举制度日趋发展和完善。每年新科进士云集长安曲江进行宴庆，官方便在曲江池西侧杏园设宴欢庆，故称杏园宴。

唐中宗时期，杏园宴罢，这些进士又齐集慈恩寺塔下进行题名活动，故称雁塔题名。雁塔题名究竟始于唐中期何时何人，却没有翔实的史料记载。但是，雁塔题名的文化活动却一直沿袭到清代末年。

按照唐代的典故，以科举入仕为首要的途径，科举的科目中又以进士科最难，也最荣耀。

当时，从地方到京城，成千上万学子经过层层选拔，最后进士及第者的名额最多也不过30人。这些历尽千辛万苦考取功名的学子，都把"雁塔题名"看成一件非常重要的事。仅在唐代的8000余名及第进士中，就有五六千名及第者题名于雁塔。

当年，大诗人白居易一举及第，他高兴地唱道："慈恩塔下题名处，十七人中最少年。"其实，白居易这时已经27岁了，可见进士及第之难。

最初，读书人进士及第后题名在塔壁上，是用墨

科举 我国历代封建王朝通过考试选拔官吏的一种制度。由于采用分科取士的办法，所以叫作科举。科举制从606年开始实行，到1905年废止，经历了1300多年。

笔书写的。以后如果再有将相加身，就要用朱砂来书写了。题名之后，如果再被授官升迁或有人再来雁塔，就在旧题名处添一个"前"字，这叫"曾题名处添前字"。这种当时随意性的题名主要是炫耀于当世。

在大雁塔建成后，登塔抒情、赋诗作画的文化活动在历朝历代都一直持续着。千百年以来，登临大雁塔，赋诗抒怀的诗人就多达几百人，留下近千首作品。

大雁塔诗会文化活动之所以在文化史上留下浓重的篇章，首先是因为皇上和朝廷官员的直接参与和推动，其二是金榜题名的状元、进士雁塔题名时频频聚会赋诗。

唐中宗时，每年中秋或九月九重阳节，皇帝都要亲临慈恩寺道场，登高赏秋，和随行官员们一起赋诗抒怀。在这些有利因素的推动下，雁塔诗会一时蔚然成风。其中，最为著名的就是五人诗会。

公元752年，唐代大诗人杜甫、岑参、高适、储光羲和薛据等，到长安城南的慈恩寺游览。5位诗人兴致大发，每人赋诗一首。由于各人生活经历不同，诗的内容和意境也有很大差别。杜甫在诗中写道：

高标跨苍穹，烈风无休时。
自非旷士怀，登兹翻百忧。

朱砂 古时称丹，自东汉人们为寻求长生不老药而兴起炼丹术以来，我国逐渐开始运用化学方法生产朱砂。朱砂的粉末呈红色，作颜料经久不褪。我国利用朱砂作颜料已有几千年的历史。

■ 白居易（772年～846年），字乐天，晚年号香山居士，我国唐代伟大的现实主义诗人。有《白氏长庆集》传世，代表诗作有《长恨歌》《卖炭翁》《琵琶行》等。

储光羲（约706年~约763年），唐代官员，田园山水诗派代表诗人之一。诗以描写田园山水著名，如《牧童词》《田家杂兴》等，风格朴实，能够寓细致缜密的观察于浑厚的气韵之中，给人以真切之感。

方知象教力，足可追冥搜。

仰穿龙蛇窟，始出枝撑幽。

七星在北户，河汉声西流。

羲和鞭白日，少昊行清秋。

秦山忽破碎，泾渭不可求。

俯视但一气，焉能辨皇州？

回首叫虞舜，苍梧云正愁。

惜哉瑶池饮，日晏昆仑山。

黄鹄去不息，哀鸣何所投？

君看随阳雁，各有稻粱谋。

■ 岑参（约715年~770年），唐代诗人，是唐代著名的边塞诗人。他的诗歌极富有浪漫主义的特色，气势雄伟，想象丰富，色彩瑰丽，热情奔放，尤其擅长七言歌行。

神圣的宝塔

杜甫的这首诗，不仅描写了塔的自然景色，更重要的是诗人已预感到社会的动荡不安，他怀念唐太宗时的"贞观之治"，婉转地批评了唐玄宗耽于享乐、不理朝政的荒淫生活。因此，这首诗内容的深刻和艺术意境，都是高适和储光羲的诗所比不上的。

大雁塔的佳作千年不衰，在大唐及以后的历朝历代中，都有很多达官贵人、文人墨客千里来到大雁塔，留下佳作。

深受武则天赏识的上官婉儿，就曾经写下《九月九上幸慈恩寺登浮屠群臣上菊花酒》一诗。

而描写大雁塔最有名的当数唐代宗大历六年（771年）进士章八

元。章八元在《题慈恩寺塔》中这样写道：

■ 西安大雁塔景观

> 十层突兀在虚空，四十门开面面风。
>
> 却怪鸟飞平地上，自惊人语半天中。
>
> 回梯暗踏如穿洞，绝顶初攀似出笼。
>
> 落日凤城佳气合，满城春树雨蒙蒙。

大雁塔不仅是佛教的圣地，它也是诗词楹联荟萃的宝地之一。

沿着大塔座拾阶而上，就是南门洞券。洞券两旁有楹联"宝舟登彼岸，妙道辟法门"。类似的楹联，在其他3个门洞都能够见到。

在大雁塔塔内一层的明柱之上悬挂着4副长联。

其一摘自唐太宗李世民《述三藏圣教序记》集句而成；其二摘自唐高宗李治《大慈恩寺碑》集句而成。

贞观之治 我国唐太宗在位期间的清明政治。由于唐太宗知人善用，广开言路，虚心纳谏，使得社会出现了安定的局面。因为当时的年号为贞观，史称"贞观之治"。这是唐代的第一个治世，也为后来的开元之治奠定了厚实的基础。

它们互相对应，可视为两联。三、四联为玄奘所作。

唐代以后，古都西安已经不再是都城，这对雁塔题名等文化活动产生了一些影响。因此，在古都长安的雁塔题名活动虽延续1000多年，而进士题名仅仅延续到唐末。

后来，在长安仅仅是陕西和甘肃的乡试举人仿效唐代进士雅举，在雁塔题名。以后历代及第进士，也仍在各朝的首都京城进行进士题名，这些是长安雁塔题名文化活动的效仿和延续。

宋代便把雁塔题名的字摹刻上石拓本流传，成为珍贵的文物。其中，有一位新科进士吕大防曾在《礼慈恩寺题诗》中写下了这样的名句：

玄奘译经垂千秋，慈恩古刹闻九州。
雁塔巍然立大地，曲江陂头流饮酒。

楹联 又称对联或对子，是写在纸、布上或刻在竹子、木头、柱子上的对偶语句。言简意深，对仗工整，平仄协调，是中文语言独特的艺术形式。对联相传起于五代后蜀主孟昶，是中华民族的文化瑰宝。

明清时期，雁塔题名已经约定俗成，文举在大雁塔，武举在小雁塔，场面宏大，历时多年。因为备受关注和重视，大雁塔的题名刻石完好保存下来的碑文有很多，有的以史料价值见长，有的则以书法杰作为人称道。

1540年，陕西乡试题名碑文就是"名题雁塔，天地间第一流人第一等事也。"

■ 大雁塔

雁塔题名的故事，使慈恩寺雁塔成了我国雁塔之鼻祖，潮州雁塔也是沿袭雁塔题名之故事，仿慈恩寺雁塔而造于湖山之上，可说是慈恩寺雁塔之缩微，成为潮郡13县科举时代学子向往之处，今塔下偏南岩石上尚存以大埔黄户衣为首的16人的《皇明嘉靖乙卯科题名》石刻。由此可见，古人对雁塔题名的看重。

尽管新科进士们诗兴不减，而慈恩寺的墙壁毕竟空间有限，不久，白墙便成"花墙"。在大雁塔上题上这些进士的名字的，大都是当年的那些书法好的进士所题写，不过现在得以保留的题名，已经不是当年的那些文字，那些春风得意的中榜进士名人的得意之作，在历史的风雨中即使没有晚唐时大唐气数已尽的萧条，保存至今同样是困难的。

到了晚唐，因为唐武宗时的宰相李德裕不是进士出身，他对这些进士并不欣赏，于是就下令取消了极有文人气息的曲江宴饮，还让人将新科进士的题名也全数除去了。宋代时，又遭遇大火，一些题名毁去，现在的塔上的这些题名，也是后人保存下来的。

阅读链接

大雁塔还有一个流传千古的五人诗会的故事。公元752年，唐代大诗人杜甫、岑参、高适、储光羲和薛据等人登临大雁塔眺望长安。5人诗兴大发，每人赋诗一首。

当时，岑参38岁，是5人中最年轻的一个。他曾多次随唐军驻守西域，使得他的诗笔雄浑豪放。诗人储光羲写了一首《同诸公登慈恩寺塔》，高适写下一首《同诸公登慈恩寺浮屠》，杜甫写了一首《同诸公登慈恩寺塔》。

可惜的是，这5首诗只有4首保存下来，薛据的诗不知何故失传了。

玄奘对佛教的深远影响

　　玄奘在佛教哲理研究中成就卓越，他和弟子窥基，创立了我国佛教的唯识法相宗，简称法相宗。法相宗在我国佛教史和文化史上有着重要的地位和影响，早在唐代就传到日本，一度成为日本最有影响的

■ 少林寺

佛教宗派之一。

"七级浮屠耀三界，五千经卷播四方"，高耸入云的大雁塔，象征着玄奘的崇高人格和伟大精神。大雁塔又像一座参天丰碑，记载着这位舍命求法，呕心沥血译经，为中华文明和中外交流做出丰功伟绩的一代高僧辉煌灿烂的一生。

据史料记载，唐代高僧玄奘曾经两次向唐太宗表达入住少林寺的意愿，但都被唐太宗委婉拒绝。而玄奘想入居少林寺的愿望始终没能实现。这件事对玄奘来说或许心里会有些遗憾，然而对于大雁塔来说，玄奘的留下无疑是意义深远的。

慈恩寺因唐代高僧玄奘曾在这里译著经书而名闻天下，因而前来慈恩寺游览瞻仰的人，不计其数。大雁塔作为西安的象征，历经千年，曾经有过特别辉煌的历史。

唐代的长安，不仅是大唐的政治、经济、文化中心，而且还是宗教中心，特别是佛教的重地。

■ 西安城墙护城河

七级浮屠

大雁塔

西安 古称长安、京兆，是举世闻名的世界四大文明古都之一，居我国四大古都之首，是我国历史上建都朝代最多，影响力最大的都城。

八大宗派 我国佛教出现过许多派别，主要有八宗：三论宗、瑜伽宗、天台宗、贤首宗、禅宗、净土宗、律宗和真言宗。就是通常所说的性、相、台、贤、禅、净、律、密八大宗派。

唐太宗李世民石
刻雕像

神圣的宝塔

窥基 （632年-
682年）窥基大师，
唯识宗初祖，唐
代人，本姓尉
迟，字洪道。俗
称慈恩大师、慈
恩法师。他身材
魁伟，禀性聪
慧。17岁出家，
后成为玄奘的弟
子，移住大慈恩
寺，跟随玄奘学
习梵文及佛教经
论。素有"三车
法师"之称。

当时，我国佛教的八大宗派，其中六大宗派开创在长安及附近，而慈恩寺是法相宗的祖庭。

这些宗派，在唐代已先后流传到日本，经1000多年的传承，经久不衰。据日本宗教年鉴记载，仅真言宗、律宗、净土宗、华严宗及慈恩寺这5个宗派，就有4万多个寺院，2700多万名信徒。

玄奘及其高足弟子窥基在慈恩寺创立的慈恩宗，于唐高宗时期东传到日本，至今仍有十几万名信徒和近百所寺院，日本的慈恩寺就是其中之一。

在唐代，从唐太宗贞观四年（630年）至唐昭宗乾宁元年（894年）的200多年间，日本派到我国的遣唐使就有19次。在这其中，日本高僧道昭和玄奘的友谊，特别感人。

公元653年，日僧道昭随遣唐使来到长安，入慈恩寺师从玄奘法师。当时，道昭25岁，玄奘对这位异国的年轻和尚极为热情，让他和自己同居一室，朝夕相处，给他讲经说法，传授经典。

在道昭学成归国时，玄奘赠他两件礼品，一件是玄奘自己翻译抄写的经书，一件是煎药烧水的铛子，即平底浅锅。

道昭含泪告别时，玄奘对道昭说："这铛子是我从西域带回来的，煎药治病，无不效验，你远涉重洋回归故国，带上它自有用处。礼物虽小，也是我一片心意啊！"

就这样，道昭告别了玄奘，告别了大雁塔，告别了大唐，回到了日本。

道昭归国后，以元兴寺为中心，传布法相宗，成为日本法相宗的开山祖师。世称"元兴寺传"，或称"南寺传"，又称"飞鸟传"。

道昭圆寂后，他的弟子遵照道昭生前遗嘱，将尸体火葬，从此，日本才有了火葬的习俗。

作为千年古塔，作为西安的象征，关于大雁塔的保护与开发，也一直是我国人民关心的话题。

在我国180处全国重点文物保护单位中有16座佛塔，大雁塔处于第三位，由此可见大雁塔本身的古建文物价值。

所谓古塔十有九斜，大雁塔也不例外，其塔身也是倾斜的。大雁塔的塔身向西的偏离程度达1米多。

早在清代康熙年间人们就发现大雁塔有所倾斜，后来随着时间的推移，塔的倾斜度竟达到了1米多。

作为国家重点保护的文物，我国对大雁塔进行了多次整修，

律宗 我国佛教宗派。因着重研习及传持戒律而得名。实际创始人为唐代道宣。因依据五部律中的《四分律》建宗，也称四分律宗。后来因道宣住终南山，又有南山律宗或南山宗之称。

■ 康熙（1654年~1722年），清圣祖仁皇帝爱新觉罗·玄烨，清朝第四位皇帝、清定都北京后的第二位皇帝。在位61年，是我国历史上在位时间最长的皇帝，曾开创出康乾盛世的大局面。

不仅修葺了大雁塔的塔基座及栏杆、塔檐、塔顶、台阶，还安装了避雷设施。

在经过一系列治理保护措施的实施，大雁塔已基本成功地完成、完善了防盗监控系统、避雷系统、塔座排水系统。

又在大雁塔脚下修建了举世闻名的大雁塔广场，这是亚洲最大的大唐主题文化广场。

大雁塔广场以大雁塔为中心，占地666平方千米，包括北广场、南广场、雁塔东苑、雁塔西苑、雁塔南苑、慈恩寺、步行街和商贸区等。

大雁塔广场中央为主景水道，左右两侧分置"唐诗园林区""法相花坛区""禅修林树区"等景观，广场南端设置"水景落瀑""主题水景""观景平台"等景观。

大雁塔广场的整体设计凸显大雁塔慈恩寺及大唐的文化精神，是古城西安的标志性建筑，也是闻名中外的奇迹。这个奇迹将永远闪烁出历史的熠熠光辉。

阅读链接

关于玄奘给道昭赠送铪子的事，还有一个有趣的传说。话说当年道昭带着铪子登船返回日本，船在海中航行七天七夜，却靠不到岸。

这时，船上有一位占卜者占了一卦，说是海龙王要玄奘的铪子。道昭说这铪子是我师父给的，不能给。于是，船上的人半是哀求半是威逼地说："你不给龙王铪子，我们全船的人谁也活不了！"

道昭无奈，只得忍痛割爱，把铪子投入大海。果然，大船顺利靠岸。铪子虽然舍去，道昭却把玄奘的深情厚谊带给了日本人民。

雷峰塔

雷峰塔位于杭州西湖南岸的南屏山麓，有奇峰突起。据《临安府志》记载，从前有个姓雷的人在此筑庵隐居，因而称作雷峰。

雷峰塔建于公元975年，是当时的吴越王钱俶为了庆贺他的宠妃黄氏得子而建，称为"黄妃塔"。但民间因其塔建在雷峰上，都习惯称为雷峰塔。

雷峰塔以西湖十景之一的雷峰夕照和《白蛇传》中白娘子的故事而传遍天下。

吴越国王钱俶兴建黄妃塔

雷峰塔，在我国可谓是家喻户晓，人人皆知。雷峰塔，原名皇妃塔，又名西关砖塔、黄妃塔，古人则更多习惯称之为雷峰塔。

在我国民间，传说中的雷峰塔是从天而降的，主要是为了镇压千年蛇妖白素贞而出现的。而实际上，雷峰塔的建造者是一个凡人，他就是五代时吴越国国君钱俶。

据明末清初的文学家张岱的《西湖梦寻》中介绍，雷峰塔兴建之初，以13级为标准，"拟高千尺"。不料因为财力不济，当时只建了7级。元朝时一场大火后，雷峰塔只留下了塔心。

钱俶生于杭州，是吴越国开国国君钱镠

■ 张岱（1597年～1689年），又名维城，字宗子，别号蝶庵居士，晚号六休居士。明末清初文学家、史学家，著有《琅嬛文集》《陶庵梦忆》《西湖梦寻》《夜航船》等。

的孙子。钱镠在两浙称王时，在他的境内保国安民，对外奉行中原王朝，殷勤有加。一时间，吴越国国泰民安，经济繁荣。

公元947年，钱俶继承吴越国王位，继承了祖先留下的繁荣，也继承了祖先留下的遗训，对中原的各个王朝贡奉殷勤，实在是罕见。赵匡胤建立北宋以后，在宋朝统一全国的政治攻势下，钱俶更是倾注国有，励精图治，以保一方平安。

吴越忠懿王钱俶，初名弘俶，小字虎子，改字文德，钱镠孙，是钱元瓘的第九个儿子，是五代十国时期吴越的最后一位国王。

后晋开元中期，担任台州刺史，后来成为吴越国王。宋太祖平定江南时，钱俶出兵策应有功，被授予天下兵马大元帅的头衔。后来他归顺了北宋朝廷，仍然担任吴越国王。

公元977年，吴越国王钱俶为了庆贺他的宠妃黄氏得子，祈求国泰民安，在西湖南岸夕阳山的雷峰上建造了一座佛塔，这就是黄妃塔。

黄妃塔的基底部建有井穴式地宫，存放着珍藏有佛螺髻发舍利的纯银阿育王塔和龙莲座释迦牟尼佛坐像等数十件佛教珍贵文物和精美供奉物品。古塔塔身上部的一些塔砖内，还秘藏雕版印刷的佛教《一切如

■ 雷峰山上的雷峰塔

阿育王 意译无忧，故又称无忧王，是印度孔雀王朝的第三代君主，频头娑罗王之子，是印度历史上最伟大的一位君王。

神圣的宝塔

■ **西湖** 位于浙江省杭州市的西南方，以其秀丽的湖光山色和众多的名胜古迹而成为闻名中外的旅游胜地，被世人称之为人间天堂，更是我国唯一一处湖泊类文化遗产。

■ **南屏山** 在杭州西湖的南岸、玉皇山以北，九曜山以东，主峰海拔101米。因地处杭城之南，有石壁如屏障，故名南屏山。旧时山麓多佛寺，一名佛国山。

来心秘密全身舍利宝箧印陀罗尼经》经卷。

钱俶毕生崇信佛教，在他任吴越国王时，在境内建造佛塔无数，著名的六和塔、保俶塔就是典型的例子。雷峰塔同样也是钱俶崇信佛教的体现。

然而，在风雨飘摇的乱世中，钱俶建造的雷峰塔的落成仅一年左右，吴越国就灭亡了。1120年，雷峰塔遭到战乱的严重损坏。雷峰塔建在西湖南岸夕照山的雷峰上，南屏山日慧峰下净慈寺前。雷峰是夕照山的中峰，北宋诗人林和靖的《中峰诗》就是最好的写照：

中峰一径分，盘折上幽云。
夕照前村见，秋涛隔岭闻。

由此可见，雷峰塔当时已是人们悠游赏景的好去处了。至于雷峰之名的由来，据《临安志》记载，是因为古时候有一个姓雷的人，在此筑庵居住，这座山峰便被称之为雷峰。也有人考证，中峰又称回峰，回峰的"回"字在旧时写作雷，后人以形致误，从而错认为雷峰。

雷峰塔建成后，数次遭到战争的创伤。到了南宋初年，外观已经破烂不堪的雷峰塔在宋兵南下、金兵以钱塘江为前线的拉锯战中再次遭到战火的摧残。

1195年至1200年间，南宋政权决定对全塔进行重修，砖砌塔身也因此从7层减为5层。

雷峰塔重修之后，建筑和陈设重现了往日的金碧辉煌，特别是黄昏时与落日相映生辉的景致，被命名为"雷峰夕照"，列为西湖十景之一。

雷峰塔更以其耸峙西湖南岸尽揽湖山胜景，备受讲究游山玩水的南宋统治者的青睐，一时成为南宋宫廷画师争相描绘的题材。南宋以后，雷峰塔景观依然

保俶塔 又名保叔塔、宝石塔、宝所塔、保所塔，坐落在浙江省杭州市宝石山上。据载始建于公元948年~960年，原为九级，公元998年~1003年重修时，改为七级。历代曾多次修建，现在的实心塔是1933年按照古塔的原样修葺。

誉满神州

雷峰塔

■ 蓝天下的雷峰塔

■ **金山寺** 始建于东晋年间。初建时称泽心寺。南北朝梁武帝曾于公元505年到金山寺参加的水陆大会盛典，是当时佛教中最大盛典。金山寺也因此而名声日盛。

《警世通言》 是话本小说集，由明代末年冯梦龙纂辑。与冯梦龙的另两种话本小说集《喻世明言》《醒世恒言》合称"三言"。《警世通言》主要收录了宋元话本与明代拟话本。

兴盛不衰。一位诗人曾经这样赞赏它：

暝色霏微入远林，乱山围绕半湖阴。
浮屠会得游人意，挡住夕阳一抹金。

然而，人们更多得知雷峰塔的，却是因为一个美丽而凄婉的有关白蛇和许仙的传说故事。在雷峰塔与白娘子的传说中，人们忘不了那个以"卫道士"自居的金山寺法海和尚。

根据《警世通言》的记载，许仙和白娘子是到镇江的码头边开了一家药店后认识金山寺的法海禅师的。于是，人们便将法海禅师也牵扯到这个传说里。

金山寺在镇江西北部的金山上，始建于东晋时期，寺内的殿宇楼台依山而建，历来都是我国佛教禅宗名寺。法海也确有其人。虽然法海的身份仍存在争论，但已经可以确定的是，法海的确是一位得道高僧，更有观点认为他是一位对我国佛教发展有卓越建树的唐代高僧。

历史上镇江与杭州的联系是相当频繁的。在我国宋明时期，长江沿岸走水路的人凡是去杭州的，都以镇江为中转点。而当时以丝茶闻名的杭州已经盛极一时，是各路商人的向往之地。

商人们本来就是民间说书艺人"兜售"的对象，把客人熟悉的事物拉进说书的内容里，这样看来把金山寺和雷峰塔并列在一起，也就顺理成章了。

说书人口中的雷峰塔有了白素贞和许仙，又有了法海禅师，便自然而然有了千古绝唱《白蛇传》了。

南宋话本《西湖三塔记》中又进一步反映出白蛇故事的梗概。白蛇名叫白卯奴，一年清明，她在西湖迷了路，得到了奚宣赞的救助。

她的母亲想吃奚宣赞的心肝，两次都被白卯奴救了出来。最后白氏母女俩都被镇压在西湖三塔下。

阅读链接

《白蛇传》的故事素材最初起源于在我国民间发现巨蟒的传闻，后来又受到唐代传奇《白蛇记》的影响。

根据杭州《净慈寺志》记载，在我国宋代净慈寺附近的山阴曾经出现过一条巨蟒。这条巨蟒已经修炼成精，变作女人的相貌，时常祸害百姓。在宋代陈芝光《南宋杂事诗》中，也有"闻道雷峰蛇怪"之说。

此外，在我国民间还有法海做了坏事，躲在螃蟹壳里不敢出来的传说，也是这个故事的片断材料。《白蛇传》还吸收了一些金山原有的僧龙斗法等传说。

雷峰塔被倭寇焚烧后倒塌

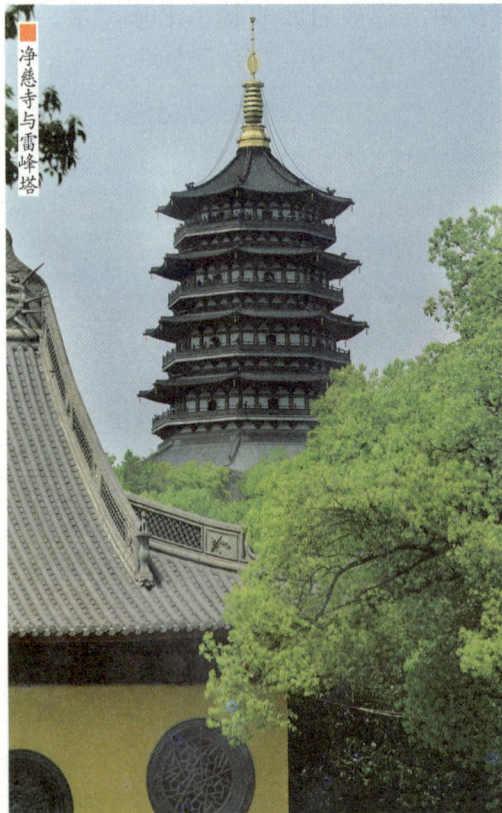

净慈寺与雷峰塔

　　明朝嘉靖年间，入侵东南沿海的倭寇围困杭州城。

　　1555年，雷峰塔再度遭到战争的破坏。那是狡诈残忍的倭寇一路侵掠杀戮后，来到杭州城外，倭酋看见雷峰塔，怀疑其中藏有明军的伏兵，便下令纵火烧掉了塔外围的木构檐廊。灾后的古塔仅仅剩下砖砌的塔身，塔身通体赤红，呈现出沧桑、残缺的风貌。

　　不久后，雷峰塔的顶部也被毁残，长出了野草杂树，招来了雀鸟安巢。年届600岁的古塔从此显得老态龙钟，人们戏称它为"老衲"，但它依然突兀凌空。

从明代末年到清代前期，雷峰塔以其裸露的砖砌塔身呈现的残缺美，成了西湖十景中最为人津津乐道的名胜之一。

明代末年，杭州的一位名士闻启祥曾将雷峰塔与湖对岸的保俶塔合在一起加以评说："湖上两浮屠，雷峰如老衲，保俶如美人"，此说一出，世人无不赞叹他的绝句。

■ 三潭印月小瀛洲

20世纪初，年久失修的雷峰塔砖砌塔身已经岌岌可危。

这时，市井乡间盛传起雷峰塔砖能"辟邪""宜男""利蚕"等荒诞不经的传言，芸芸众生中对现实和未来失去信心与希望的人们，纷纷想方设法挖取塔砖，奉为至宝。

当时杭州地方当局曾在塔下筑起围墙以阻隔盗砖的人出入，哪知，这一堵建于封建统治进入末期的围墙是偷工减料粗制滥造的，没过多久，就被一阵风吹倒了一角。于是，盗取塔砖的人照旧鱼贯而入，挖砖不止。这时，雷峰塔真如生命垂危的老衲一样，命运

浮屠 《佛学大辞典》中的解释是浮图，休屠，按浮屠浮图，皆即佛陀之异译。佛教是由佛创立的，古人因称佛教徒为浮屠，佛教为浮屠道。后来佛塔也称为浮屠。

危在旦夕了。

20世纪20年代初，我国江南一带洪涝灾害不断，阴霾笼罩。1924年9月25日，以砖砌塔身之躯苦苦支撑了400年遍体疮痍的雷峰塔轰然倒塌了。

雷峰塔倒掉了！这在当时是一特大消息。杭州的大街小巷间，人们奔走相告，许多好奇而又大胆的市民都去夕照山上看个究竟。而想在塔中找寻塔藏宝物的人也络绎不绝。雷峰塔废墟犹如一片未上锁的宝库，被人们糟蹋得惨不忍睹。

雷峰塔的倒塌轰动了当时整个社会，有的军阀派兵夺取塔藏文物；有的人花高价收买塔砖、藏经、古钱；有的人捏造流言蜚语企图乱中取利；有的人伪造塔藏古董牟取暴利。

雷峰塔砖塔坍塌后，人们发现在砖孔内藏有975年北宋吴越国王钱俶施印的《宝箧印陀罗尼经》的经卷，经卷采用川棉纸或竹纸精印，是研究我国早期雕版印刷的珍贵资料。"雷峰夕照"胜景却从此名存实亡了。

阅读链接

关于雷峰塔的倒掉在我国民间还有一个传说。白娘子被压雷峰塔后，小青在深山苦苦修炼。若干年后她修炼成功，去找法海报仇。

小青和法海激烈打斗起来。小青挥起一剑，雷峰塔被劈塌，白娘子得救。二人共同围打法海，法海支撑不住退到西湖边，慌忙中跌进西湖。

白娘子用金钗变成一面小令旗。小青把令旗举过头顶一摇，西湖的水一下子就干了。

法海无处藏身，一头钻进螃蟹肚脐下。螃蟹把肚脐一缩，法海和尚就被关在里面，再也出不来了。

千年雷峰塔重现往日辉煌

    杭州西湖边雷峰塔的倒塌引起了人们的普遍关注和议论，各界人士一直企盼有朝一日能重建这座古塔。

    新中国成立后又在其原址上重建了一座新塔。新建的雷峰塔成为我国有史以来第一座彩色铜雕宝塔。

    新雷峰塔的建设在我国风景保护和建设史册上留下了4项"天下第

■雷峰塔匾额

一"：塔类建筑采用钢材框架作为建筑支撑、承重主体；塔类建筑中采用铜件最多、铜饰面积最大；塔类建筑内部活动空间最宽敞；塔类建筑内部文化陈设最丰富。

雷峰塔塔基的主体是八角形生土台基，每边有方形柱础4个，外缘包砖砌石，对径近43米。东侧的塔基基座是双重石砌须弥座，石面上雕刻着象征佛教"九山八海"的须弥山、海涛和摩羯等图案。西侧地势较高，塔基基座为单层。

雷峰塔塔身对径25米，遗址残存底层3~5米的高度，是套筒式回廊结构，由外套筒、回廊、内套筒、塔心室4部分组成。内、外套筒用塔砖实砌而成，砖与砖之间用黄泥黏结。

外套筒每边正中央开一小门，南门是攀登楼梯的通道，在北门道两侧的回廊内还设有台阶。回廊的每个转角都设有一个圆形柱洞。内套筒开有4门，塔心室居中。

南宋及后代重建的僧房、道路等遗迹分布在塔基的南北两侧。北

■ 杭州西湖雷峰塔

组建筑残留一排3个柱础及砖砌地面，可能是塔基外围的回廊；南组建筑残留一排2个柱础及部分砖砌地面，可能为3开间的僧房。雷峰塔西南侧有一条砖砌的道路，残长12米、宽17米，用条砖铺砌而成。

和大多数古塔都设有地宫一样，雷峰塔在建立之始也在塔底建有神秘的地宫。

经过我国人民政府对雷峰塔的保护性开掘，在雷峰塔塔底层的回廊、门道内出土了1100多件残石经，共有六七万字。这些石经以唐代僧人兼佛经翻译家实叉难陀新译的八十品《华严经》为主，少量是由姚秦鸠摩罗什大师翻译的《金刚经》，文字均用楷书镌刻。同时，还出土了吴越国王钱俶作的《华严经跋》残碑，这块残碑可与《咸淳临安志》等文献记载的碑文相互印证。

在塔底西侧的副阶上，有一方记录南宋庆元年间

■ 《华严经》全名《大方广佛华严经》，是大乘佛教修学最重要的经典之一。据称是释迦牟尼佛成道后，在禅定中为文殊、普贤等上乘菩萨解释无尽法界时所宣讲的重要经典。

《金刚经》是佛教的重要经典，全名为《金刚般若波罗蜜经》。《金刚经》传入我国后，自东晋到唐朝共有6个译本。唐玄奘译本《能断金刚般若波罗蜜经》，共8200多字。

■ 雷峰塔遗址废墟

毗沙门天王 是藏传佛教与汉传佛教所共同推崇的财神护法毗沙门，其名毗沙门为梵语，意为多闻，表示其福德之名，闻于四方。

重修雷峰塔的残石碑。雷峰塔的地宫位于塔基中央的塔心室下方，造塔之初就被掩埋在生土塔基中。雷峰塔地宫的洞口就位于塔心部位，洞口四周都是高达数米的塔身残体。

雷峰塔的地宫呈竖穴式，距底层砖砌地面2米深。雷峰塔的地宫是方形、单室。地宫的四壁及底面都是砖砌而成，外表用石灰粉刷。密封程度良好，曾经遭到人为的破坏。

在雷峰塔的地宫内共出土70多件编号器物。铁函位于正中，它的下面、与砖壁的空隙间堆放了大量的铜钱和多种质料的佛教器物、供养器。紧贴西北壁放置一尊高60多厘米鎏金铜坐佛，莲花座下以腾龙作为支撑柱，造型极为罕见。

其余3面墙壁粘贴鎏金小铜佛、毗沙门天王像。

其他出土文物还有铜镜、漆镯、银臂钏、银腰带、贴金木座以及玉、玛瑙、琉璃、水晶等小件饰物，这些是象征七宝的供养品。

在雷峰塔的地宫内还存有许多经卷、丝织品等有机质文物，由于早年遭水浸泡，保存状况并不好。据统计，地宫内的铜钱有3000多枚近30个品种，以"开元通宝"居多，有鎏金的，有镶银的，还有一枚玉制"开元通宝"。铁函内放置鎏金镂空银垫、银盒、纯银阿育王塔、银腰带等金银器。

纯银阿育王塔由塔座、塔身、山花蕉叶、塔刹等组成，方形塔身四面镂刻佛本生故事，内有盛装"佛螺髻发"的金棺，四角的山花蕉叶上饰佛传故事，其造型与五代、两宋时期吴越国境内常见的金涂塔相似，代表了吴越国金银器制作的最高工艺成就。

据文献及出土残碑考证，雷峰塔是吴越国王钱俶

塔刹 是指佛塔顶部的装饰，位于塔的最高处，是塔上最为显著的标记。"刹"来源于梵文，意思为"土田"和"国"，佛教的引申义为"佛国"。凡塔都有塔刹。

誉满神州

雷峰塔

■ 雷峰塔舍利函

■ 西湖雷峰塔

飞檐 我国传统建筑檐部形式之一，多指屋檐特别是屋角的檐部向上翘起，若飞举之势，常用在亭、台、楼、阁、宫殿、庙宇等建筑的屋顶转角处，四角翘伸，形如飞鸟展翅，轻盈活泼，所以也常被称为飞檐翘角。其为我国建筑民族风格的重要表现之一，可营造出壮观的气势和我国古建筑特有的飞动轻快的韵味。

为供奉"佛螺髻发"而建，是吴越国后期典型的佛塔形制。用于地宫墙体的塔砖上有"未上二"等铭刻，表明营造地宫的上限为辛未年，即公元971年；而直接覆压地宫的最底层塔身中模印"辛未""壬申"等干支纪年文字的塔砖相互叠压现象，说明雷峰塔开工建设的时间应在公元972年或者稍后，雷峰塔地宫的营建年代不会晚于公元972年。

雷峰新塔建在原来的遗址上，保留了旧塔被烧毁之前的楼阁式结构，完全采用了南宋初年重修时的风格、设计和大小来建造的。

这座塔兼具遗址文物保护罩的功能，新塔通高71米，由起到保护罩的作用的台基、塔身和塔刹3部分组成，其中塔身高约49米，塔刹高约18米，地平面以下的台基约为10米。由上至下分别为：塔刹、天宫、五层、四层、三层、二层、暗层、底层、台基二层、台基底层。

　　塔身的设计沿袭了雷峰塔被烧毁前的平面八角形楼阁式形制，外观是一座8面、5层楼阁式塔，保留了宋塔的固有风格。

　　各层盖铜瓦，转角处设铜斗拱，飞檐翘角下挂铜风铃，风姿优美，古色古韵。同时二至五层还有外挑平座可供观景。用于装饰的塔刹高约16米，塔顶采用贴金工艺。它的外形具有唐宋时期江南古建筑的典型风格，在远处遥望，金碧辉煌。

　　专门为保护遗址而建的保护罩呈八角形，建筑面积3000多平方米，外饰汉白玉栏杆。保护罩分上下两层，将雷峰塔遗址完整地保护起来。

　　雷峰新塔建成后，已经消失了70多年的"雷峰夕照"再次重现。全塔上、下、内、外装饰富丽典雅，陈设精美独到，功能完善齐备，以崭新的风貌和丰厚的内涵在西湖名胜古迹中大放异彩。游人登上雷峰新塔，站在五层的外观平座上，西湖山水美景和杭州城市繁华尽收眼底。

　　作为西湖南线的制高点，放眼四下眺望，碧波荡漾的西湖、秀美端庄的汪庄、初见轮廓的南线新景点、绿意葱

■ 雷峰塔

茏的湖心三岛等一览无余。

而站在西湖东岸的湖滨路远眺，雷峰塔敦厚典雅，保俶塔纤细俊俏，两座塔隔湖相望，西湖山色又恢复了往日的和谐与美丽。

打开一道沉沉的古式门，可以走进新塔底层，这里，就是古塔遗址。而在台基的二层，同样可以看到遗址的模样。整个遗址区被玻璃包围着，以防氧化和人为破坏。

雷峰新塔是一座体现现代工艺的塔。塔中心的部位，是两座透明的电梯，周围是不锈钢扶梯。雷峰新塔也是古今中外采用铜件最多、铜饰面积最大的铜塔，栏杆、装饰瓦、脊、柱等都采用铜质。值得一提的是铜瓦，虽为铜质，却呈青铜色，与陶瓦看起来极为相似。而且，这些铜瓦，还通过螺丝相互吃紧，不会像陶瓦或琉璃瓦那样容易脱落。

发掘雷峰塔地宫以后，有关部门又采取雷峰塔遗址保护措施，对遗址保护设施的内在功能和外观形象加以延伸、拓展，雷峰塔原有的形制、体量和风貌再次呈现在世人的面前。

阅读链接

《华严经》是大乘佛教修学最重要的经典之一，被大乘各宗派奉为宣讲圆满顿教的经中之王。据称是释迦牟尼佛成道后，在禅定中为文殊菩萨、普贤菩萨等上乘菩萨解释无尽法界时所宣讲。《华严经》汉译本有3种：

一是东晋佛陀跋陀罗的《大方广佛华严经》，也称"旧译《华严》"。

二是唐武周时实叉难陀的《大方广佛华严经》，也称"新译《华严》"。

三是唐贞元中般若的《大方广佛华严经》，全名《大方广佛华严经入不思议解脱境界普贤行愿品》。

西湖六和塔

六和塔位于杭州西湖之南，钱塘江畔月轮山上。始建于公元970年，吴越王钱俶为镇江潮而创建，取佛教"六和敬"之义，命名为六和塔。现在的六和塔塔身重建于南宋，其名"六合"，取"天地四方"之意。经过历代修建，现六和塔内存有五代、南宋、元、明、清5个时期的构件。1961年，六和塔被国务院定为全国重点文物保护单位。

钱王集中万名强兵射潮神

钱塘江的潮水从来就是很大的，潮头既高，潮水冲击的力量又猛，因此钱塘江两岸的堤坝，总是这边才修好，那边又被冲塌了。真是"黄河日修一斗金，钱江日修一斗银"啊！

关于钱塘江大潮还有一个传说。原先钱塘江的潮水来时，跟其他各地的潮水一样，既没有潮头，也没有声音。

有一年，钱塘江边来了一个巨人，这个巨人特别高大，一迈步就能从江这边跨到江那边。他平时就住在萧山县境内的蜀山上，没事就引火烧盐。人们不知道他叫什么名字，因为他住在钱塘江边，所以大家都叫他为"钱大王"。

钱大王力气很大，他扛着自己的那条铁扁担，常常挑些大石块放到江边，过了不多久，就堆成了一座一座山。

有一天，钱大王去挑自己在蜀山上烧了三年零三个月的白盐。可是，这些盐只够他装一头，因此他在扁担的另一头系上了一块大石头，放到肩上一试，两边重量刚刚好，于是，他就担起来，跨到江北

岸来了。

这时候，天气很热，钱大王因为才吃过午饭，有些累了，便放下担子歇歇，没想到竟然打起瞌睡来了。

正巧，东海龙王这时出来巡江，潮水涨了起来。涨呀涨，涨呀涨，竟然涨上了岸，把钱大王挑的盐慢慢都溶化了。

东海龙王闻闻，这水怎么这样咸呀？而且愈来愈咸。他受不了，转身就逃，没想逃到海洋里，竟把整个汪洋大海的水都弄咸啦！

而这位钱大王呢，睡了一觉，两眼一睁，看见扁担一头的石头还放在地上，而另一头的盐却没了，这是怎么回事？

■ 钱王射潮筑塘雕塑

萧山县 地处浙江南北要冲，素为战略要地。春秋战国时，越范蠡筑"固陵城"于钱塘江边，以拒吴。五代十国时，西兴、坎山等地，为吴越国王钱镠的屯兵处。自钱塘江大桥建成和钱塘江汽车轮渡开通后，萧山更扼南北水陆交通之咽喉，为杭州的南大门。

■ 故事中的东海龙王塑像

东海龙王 也就是敖广。在我国，东方为尊位，按周易来说东为阳，故此东海龙王排第一便是理所应当。龙是我国古代神话的四灵之一，在《西游记》中，龙王分别是：东海敖广、西海敖闰、南海敖钦、北海敖顺，称为四海龙王。

钱大王赶紧去找，找来找去，就是找不着盐，一低头，闻到江水里有咸味，怪不得盐没了，原来是被东海龙王给偷去了。于是，钱大王举起扁担就打海水。

一扁担打得江水里面大大小小的鱼儿都震死了，两扁担打得江底的水翻了身，三扁担打得东海龙王冒出水面来求饶命。

东海龙王战战兢兢地问钱大王："究竟是什么惹您发这么大的脾气啊？"

钱大王气得两眼圆睁，大声喝道："该死的龙王！你把我的盐偷到什么地方去啦？"

东海龙王这才明白海水是怎么变咸的了。于是，龙王连忙赔罪，就把自己如何巡江，如何无意中把钱大王的盐溶化了，使得海洋的水也咸起来的事情，一五一十都说了。

钱大王听了好不气恼，真想举起铁扁担，把东海龙王砸个稀巴烂。只是东海龙王连连作揖求饶，并答应用海水晒出盐来赔偿钱大王，并保证以后涨潮的时候就叫起来，免得钱大王再睡着了听不见。

钱大王觉得这两个条件还不错，这才饶了东海龙王，他把自己的扁担向杭州湾口一放，说道："以后潮水来时，得从这里叫起！"

东海龙王连连点头答应，钱大王这才高高兴兴地走了。

从那个时候起，潮水一进杭州湾，就伸起脖子"哗！哗！哗！"地喊叫着，涨到钱大王坐过的地方，脖子伸得顶高，叫得顶响，这就是举世闻名的"钱江潮"了，这个地方就是海宁。

当时，有个吴越国，吴越国的创建者名叫钱镠，勇猛无比，人们都称他为"钱王"。

钱王治理杭州的时候，各种事情都容易办，就是这道钱塘江的海堤修不好。潮水一天一夜两次，只要潮水一冲击过来，就会把海堤冲塌，叫人简直没办法把海堤修筑起来。

钱王手下的人很着急，都怕修不好，钱王发脾气，可要修好它，实在太难了！大家一商量，没法子，只好老老实实地向钱王讲道："大王，这海堤恐怕是修不好了，因为钱塘江里面有个潮神在跟我们作对，一等到我们把海堤修得差不多的时候，他就兴风作浪，鼓起潮头，把我们的海堤给冲塌。"

钱王一听，气得胡子都竖起来了，厉声喝道："吙！你们这些没用的家伙！为什么不把那个潮神给我拖上来宰了？"

手下人慌忙道："这不能啊！

吴越国 是唐末宋初五代时期十国中的一国，由浙江临安人钱镠所创建，以杭州为西府，越州为东府。强盛时拥有13州疆域，包括浙江全省、江苏东南部和福建东北部。吴越国共有5位君主。

■ 钱镠 字具美，小字婆留，杭州临安人。五代吴越国创建者。在位41年。在位期间，曾征用民工，修建钱塘江海塘，又在太湖流域，广造堰闸，以时蓄洪，不畏旱涝，并建立水网圩区的维修制度，有利于这一地区的农业经济。

■ 钱王射潮雕塑

他是潮神，在海水里面，是跟龙王住在一起的。我们没法去找他，何况他来的时候，是随着潮水翻滚而来，都在潮头的海水里面，我们凡人，既看不到，更没法子捉拿他呀！"

钱王听了，两眼直冒火星，大吼道："呸！难道就让这个小小的潮神来胡作非为吗？"

手下人没一个敢吭声的。

钱王看了看底下的人，知道这低头弯腰的人，都是没有能耐的。他想了一想，说道："既然是这样，就让我自己去降伏他吧！到八月十八这一天，你们给我聚集1万名弓箭手到江边，我倒要去见见这个潮神！"

钱王为什么要选八月十八这一天呢？因为八月十八是潮神的生日，这一天潮头最高，水势更是排山倒海凶猛无比，而且潮神会在这一天，骑着白马跑在潮头上面。

很快八月十八这一天就到了，人们在钱塘江边搭起了一座大王台，钱王一早就到台上观看动静，等待潮神到来。可是，这时从当地挑选出来的1万名弓箭手，却稀稀拉拉地一会儿来一个，一会儿来一个，钱王见了就喝令他们必须立即聚齐到江边，排列好阵势。

这时有个将官，走上前来跪拜道："大王！弓箭手跑向江边来时，要经过一座宝石山，这个地方山路狭窄。只能容一人走过，何况过山又得爬上爬下，因此不能同时到来。"

钱王听了，喝道："这岂不要耽误除灭潮神的大事吗？"

钱王立刻跳上千里驹，飞也似的来到了宝石山前，一看，果然如此。他连忙跑到山巅上面，向四面望了一下，只见这山的南半边有条裂缝。于是他坐下来，把两只脚踩在山的裂缝处，用力一蹬，哈！这山竟然给他一下蹬开了，中间出现了一条宽宽的道路。

那些将士见了，人人喝彩，各个欢呼！从此，这儿就被叫作"蹬开岭"了。没多久，全部弓箭手就通过这条大路，到江边聚齐了。钱王又骑着马到处巡视一番，等他再到江边大王台上的时候，1万名精兵早就排好了阵势。

钱江沿岸的百姓，受尽了潮水灾害，修堤治水，哪个不欢喜，谁不尽力啊！如今听说钱王射潮神，都争着来观战助威，几十里路长的江岸上，黑压压地挤满了人。

■ 六和泉池

潮神并没有理睬钱王的告诫，一会儿，但见远远一条白线，飞疾滚来，愈来愈快，愈来愈猛，等到近旁时，就像爆炸了的冰山，直向大王台冲来。

钱王见到了，大吼一声："放箭！"话音一落，他抢先就"嗖"的一箭射了出去。

这时，只见万名精兵，万箭齐发，直射潮头。百姓们都跺脚拍掌，大声呐喊助威。1万支箭射出，接着又是1万支箭，霎时间就射出了3万支箭，竟逼得那潮头不敢向岸边冲击过来。

钱王又下令："追射！"

只见那潮头弯弯曲曲地向西南逸去，最后消失得无影无踪了。从这个时候起，海堤才得造成。百姓们为了纪念钱王这次射潮的功绩，就把江边的海堤，叫作"钱王堤"。

神圣的宝塔

阅读链接

传说钱王出生时，漫天红光，后院一片兵甲声，他父亲认为这个孩子出生不吉利，于是要将他丢掉，幸好当时被家中的一位婆婆偷梁换柱收下，因此，钱王小名又叫"钱婆留"。

钱镠年轻时，县城里有个叫钟起的，他的几个儿子整天和钱镠混在一起。后来，有个占卜大师发现杭州临安有王气，便跑来在市场上摆摊子给人看相，暗地里寻找这个注定要称王称帝的人。一天路过钟起家，恰好看到钱镠。

大师对钟起说：你以后的富贵，就是因为钱镠。我之所以要寻找这个人，是出于我对自己技术上的追求和验证。第二日，这个大师就离开了临安。后来，钱镠果然为王。

乾隆皇帝偏爱六和塔

观赏钱塘潮，早在汉、魏、六朝时就已蔚成风气，到唐、宋时，此风更盛。相传农历八月十八是潮神的生日，故潮峰最高。

"八月十八潮，壮观天下无。"这是北宋大诗人苏轼咏赞钱塘秋潮的千古名句。南宋朝廷曾经规定，这一天在钱塘江上校阅水师，以后相沿成习，遂成为观潮节。

为什么钱塘秋潮如此壮观而又

■ 苏轼 字子瞻，号东坡居士。四川眉山人。北宋文学家、书画家。他一生仕途坎坷，学识渊博，天资极高，诗文书画皆精。同时，他也是著名的美食家。他和父亲苏洵，弟苏辙合称为"三苏"。

■ 仰观六和塔

董嗣杲 字明德，号静传，杭州人。宋亡后，他改名思学，字无益，号老君山人。诗作有《庐山集》五卷，《英溪集》一卷，西湖百咏二卷，并传于世。

如此准时呢？对于这一点，有一个传说是这样说的。

早在春秋战国时期，在江苏、安徽一带有一个吴国，吴王夫差打败了浙江一带的越国。越王勾践表面上向吴国称臣，暗中却卧薪尝胆，准备复国。

此事被吴国大臣伍子胥察觉到，多次劝说吴王杀掉勾践。由于有奸臣在吴王面前屡进谗言，诋毁伍子胥，吴王奸忠不分，反而赐剑让伍子胥自刎，并将其尸首煮烂，装入皮囊，抛入了钱塘江中。

伍子胥死后第九年，越王勾践在大夫文种的策划下，果然灭掉了吴国。但越王也听信传言，迫使文种伏剑自刎。

伍子胥与文种这两个敌国功臣，虽然分居钱塘江两岸，各保其主，但下场一样。他们同恨相怜，于是有传说他们化作滔天巨浪，掀起了钱塘怒潮。

秋满湖天八月中，潮头万丈驾西风。
云驱蛟蜃雷霆斗，水激鲲鹏渤澥空。

钱塘江涌潮以雄伟的气势，多变的画面，迷人的景象引来了千千万万的人来观赏。

宋代诗人董嗣杲置身六和塔塔顶，仰观俯察，面对无垠时空，曾发出历史的浩叹：

栏楯倚云汉，身疑出上方。

乾坤一指顾，吴越两消亡。

海接空江白，山分落日黄。

伍胥遗恨在，秋草隔沙长。

另一位宋人何宋英，集中强调古塔的山水地理与吴越人文，他如同历史深处走来的歌者：

吴国山迎越国山，江流吴越两山间。

两山相对各无语，江自奔波山自闲。

风帆烟棹知多少，东去西来何日了。

■ 杭州西湖美景

牌坊 又名牌楼，为门洞式纪念性建筑物。是封建社会为表彰功勋、科第、德政以及忠孝节义所立的建筑物。也有一些宫观寺庙以牌坊作为山门的，还有的是用来标明地名的。同时牌坊也是祠堂的附属建筑物，昭示家族先人的高尚美德和丰功伟绩，兼有祭祖的功能。

■《乾隆南巡图》

乾隆皇帝曾六下江南，七登六和塔。据《南巡盛典》记载："乾隆十六年，圣驾南巡，厪念海塘，特幸寺中，亲登塔顶，悉江流之曲折……海若不惊，圣情悦豫，爰亲洒，辰翰为文，以纪盛事焉。"

乾隆担心沿江堤坝能否挡住钱塘江潮水，于是亲自登塔，到塔顶制高处望江，发现江水来往平稳，才放下心来。

1751年，乾隆皇帝第一次南巡到杭州，对钱塘江、月轮山一带的山河风光大加赞赏，并发出了"壮观至是真空前，那更息心安四禅"的感叹，并作《开化寺》诗。

1757年，乾隆帝开始第二次南巡。再次莅临六和塔，此次，乾隆皇帝还重新撰写出一篇塔记，并在

■ 地藏菩萨 或称地藏王菩萨。因其"安忍不动如大地，静虑慎密如秘藏"，故名地藏。为佛教四大菩萨之一，与观音、文殊、普贤一起，深受世人敬仰。以其"久远劫来屡发宏愿"，故被尊称为大愿地藏王菩萨。

塔前牌坊上题写了"净宇江天"四字。

当时，六和塔的各项设施，不但都得到了恢复，而且还有所增益。六和寺香火鼎盛，人声喧沸。此后，六和塔虽仍不断受到硝烟战火的危及，但南宋留下来的砖构塔身一直都保留着，历代一次次地重修重建，反倒让这座古塔有了一个个时代的烙印。

阅读链接

关于六和塔的传说，有些传说在这里已经物化。在塔身北侧，有三尊石雕，其一是"钱王射潮"。传说吴越王钱镠治理杭州，江边海塘边修边塌，钱王认定系江中潮神作怪，决定镇伏潮神。

八月十八日是潮神生日，钱王在江边部署万名弓箭手，趁潮水高涨之际，一声令下，万箭齐发，射死了潮神，修好了海塘。为纪念此一壮举，人们把塘称作"钱塘"，江也成了"钱塘江"。

朱智再次捐资重修六和塔

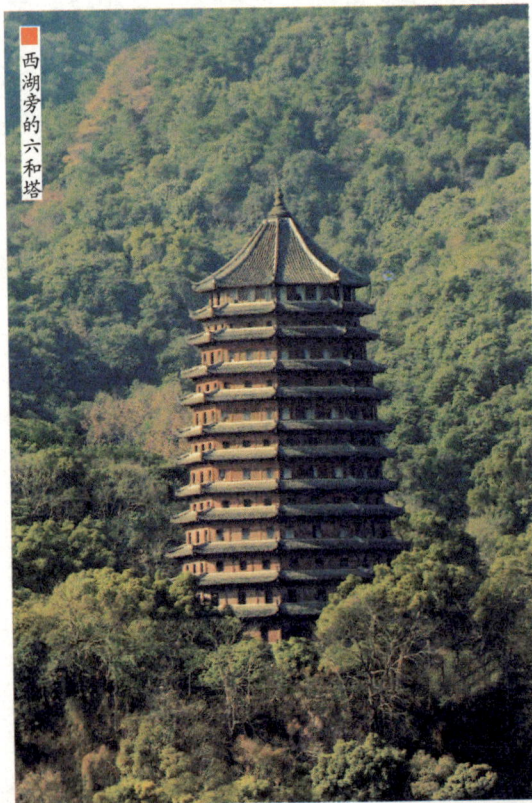

西湖旁的六和塔

又过了半个多世纪，六和塔日渐破损，在1822年，浙江巡抚帅承瀛奏请皇帝修葺了六和塔。但非常遗憾的是，1843年，六和塔重蹈覆辙，外檐再次失火被毁。

六和塔颓败朽衰持续了将近50年。直到1899年，杭州人朱智，在捐资修筑钱塘江堤坝的同时，更是以余财重修六和塔。

朱智组织大量人力，在尚存的砖结构塔身外部添筑了13层木构外檐廊，其中偶数6层封闭，奇数7层分别与塔身相通，塔心里面，则以螺旋式阶梯从底层盘旋直达顶层，全塔形成"七明六暗"的格局。

塔自外及里，可分外墙、回廊、内墙和小室4个部分，形成了内外两环。内环是塔心室，外环是厚壁，回廊夹在中间，楼梯置于回廊之间。

外墙的外壁，在转角处装设有倚柱，并与塔的木檐相连接。墙身的4面开辟有门，因为墙厚达4米，故而进门后，就形成一条甬道，甬道的两侧凿有壁龛，壁龛的下部做成须弥座。

六和塔中的须弥座上有200多处砖雕，砖雕的题材丰富，造型生动，有争奇斗妍的石榴、荷花、宝相，展翅飞翔的凤凰、孔雀、鹦鹉，奔腾跳跃的狮子、麒麟，还有昂首起舞的飞仙等。

这些砖雕，据后来有关人员与宋代成书的《营造法式》所载十分吻合，是中国古建筑史上珍贵的实物资料。

穿甬道而过，里边就是回廊。内墙的四边也辟有门，另外的四边凿有壁龛，相互间隔而成。内墙厚4

西湖六和塔

《营造法式》
成书于1100年，是我国古代土木建筑家李诫在两浙工匠喻皓的《木经》的基础上编写而成的。是北宋官方颁布的一部建筑设计、施工的规范书，这是我国古代最完整的建筑技术书籍，标志着中国古代建筑已经发展到了较高阶段。

石刻 泛指镌刻有文字、图案的碑碣等石制品或摩崖石壁。在书法领域，也有把镌刻后，原来无意作为书法流传的称为"石刻"，一般不表书者姓名，三国六朝以前多为；而有意作为书法流传的称为"刻石"，隋唐以后多为，通常标刻书者姓名。我国古代石刻种类繁多，广泛地运用圆雕、浮雕、透雕、线刻等技法创造出来的风格各异的石刻艺术品。

米多，故而每个门的门洞内，也形成了甬道，甬道直通塔中心的小室。

壁龛的内部镶嵌有《四十二章经》的石刻。中心的小室是为了供奉佛像而设的，为仿木建筑，制作讲究。经过这次修缮，六和塔的状貌基本定型了。据史料记载，朱智重修六和塔，工程极为浩大而艰巨，仅仅搭扎施工必需的脚手架一项，就花了3年时间。

朱智重修六和塔功绩为最，因此受到光绪皇帝嘉奖，赏赐了御书"功资筑捍"4字匾额。

新中国成立后，国家于1953年、1971年和1990年分别进行了3次大修，并在塔内装上扶手栏杆和电灯。六和塔自南宋重建迄今，虽经多次修缮，但整座塔身还基本上保持着南宋时期的风貌。

阅读链接

1934年，时任浙江省建设厅厅长曾养甫，想把六和塔复原成南宋时的样子。他邀请当时在清华大学教建筑学的梁思成，来杭州出谋划策，研究南宋时期的六和塔到底是什么样的。

梁思成在六和塔待了十几天，主要做现场勘探和测绘，又多方考证，查阅了很多文献资料，最终他得出结论：六和塔塔身的形制、用材、体例、浮雕图案都符合《营造法式》里的规定，是原汁原味的南宋时期建筑物。

他还以此为依据，把南宋时期六和塔的复原图一笔一笔画了出来，后来就刊在《杭州六和塔复原状计划》这本书的第一页。因为《杭州六和塔复原状计划》这本书，梁思成也成为从建筑学角度为六和塔撰书的我国第一人。

开封铁塔位于河南省开封市内东北隅铁塔公园内，始建于1049年，该塔因当年建筑在开宝寺内，称开宝寺塔，塔高55米多，八角13层。因该塔遍体通饰褐色琉璃砖，浑似铁铸，民间又将其称为"铁塔"。此铁塔以精湛绝妙的建筑艺术和雄伟秀丽的修长身姿而驰名中外，被人们誉为"天下第一塔"。

开封铁塔

古城上空传来的声音

古时候，在开封城北角夷山上有一个井口大的泉眼，这个泉眼一眼看不到底，整天"咕嘟咕嘟"地直往外冒水，日夜不息。

淌出来的水十分浑浊，又咸又涩。城里本来就地势低洼，加上污水横流，致使城里老百姓饱尝了泥泞之扰、疫病之灾。

后来全城的父老乡亲就在一起商议，一定要想办法堵死这个害人的泉眼。他们先用石头填，磨盘大的石头扔进去立马就不见了踪影。后来又用沙袋堵，激流把沙袋冲得千疮百

■开封 古称东京、汴京、汴梁。开封是世界上唯一城市中轴线从未变动过的都城，城摞城遗址在世界考古史和都城史上都是绝无仅有的。北宋时的东京是当时世界最繁华、面积最大、人口最多的大都市。

■ 铁塔公园

孔，还是不能把泉眼堵住。没办法，人们想不出更好的办法，只得听凭它祸害古城。

有一天，一位商人来到夷山泉眼里打水，一个旋涡就将他的水桶卷得无影无踪了。

不久，他乘船到外地经商，在大海上无意间看到一只水桶，当他打捞上来仔细一看，心里一惊，这不正是自己在夷山泉眼里丢失的那只水桶吗！

这个消息不胫而走，传遍全城，人们恍然大悟，心情不觉更加沉重了，原来这泉眼底下通着东洋大海哩！海里有妖兴风作浪，怪不得泉眼怎么都堵不上呢！往后这日子可怎么过啊！

正当全城百姓一筹莫展之时，突然在一个漆黑的夜晚，开封的上空出现了"造塔哟！造塔哟！"的叫喊声，这个叫喊声一连出现了好几夜。

开始人们不知是怎么回事，后来大家到一起谈论

妖 泛指一切人类无法理解的自然现象，超出常识范围的异常行为，或能发挥出不可思议力量的个体，包含各种鬼怪变化之物，属于一种超自然的存在。人们经常会把妖和西洋的怪物、妖精等传说生物联想在一起。

这个喊声时，有人提出，塔能镇住海妖。

真是群情振奋，人们终于豁然开朗，便相互转告："只有造塔才能镇住海妖。"可是，说是好说，造却很难。

那时，人们只会造桥，别说造塔，连塔是什么样子也没有见过呀！全城走南闯北、见多识广的能工巧匠们聚在一起，议论了好几天也没个结果。

这天，正在人们议论时，忽然有一位须发皆白、满面红光的老人沿街叫卖："卖塔啦！卖塔啦！"

人们顿时围过来争着观看，只见他手中托的那件东西用楠木雕就，就像一头粗一头细的红萝卜，又像一座摞起来的亭阁，玲珑剔透，十分可爱。

大家恍然大悟，原来这就是塔呀！

开封铁塔

工匠头上前施礼道："老人家，这塔我们买了，您说个价钱吧！"

老人瞧瞧工匠开腔道："你要塔干啥呀？"

工匠说："我们要在海眼上造塔镇妖，为民除害！"

"好，有志气。塔就送给你吧！"老人乐呵呵地放下木塔，飘然而去。

老人走后，工匠头组织工匠们一起把木塔拆开合拢，再拆开再合拢，反复研究。

当他们能记住各部零件

■ 开封铁塔全景

后，便按照比例开始备料，准备建塔了。可是，一到施工却遇到了问题，如何到二层上去造，如何一层层造到顶呢？

于是，工匠们又进行研究。这天，赠塔老人又一次来到建塔工地，见到了备料，却不见施工。于是老人问道："你们造的塔呢？"

工匠头说："俺们正在发愁哩，一层好造，往上就难办了，光材料就运不上去呀！"

白胡子老人生气地说："空有雄心！"说罢，拿起摆在旁边他送给工匠头的木塔，用脚往地上一踩，木塔被踩到土里，只露出一个塔尖儿。

半晌，工匠们回过神来，又鼓起了勇气，工匠头说："咱们城都能造，还怕造塔？"

说着，他们小心翼翼，一层一层地把木塔从土里扒出来，又用土一层层把塔埋起来，工匠们终于明白

鲁班 春秋末期到战国初期鲁国人，我国古代一位出色的发明家，出身于世代工匠家庭，从小就跟随家里人参加过许多土木建筑工程劳动，逐渐掌握了生产劳动的技能，积累了丰富的实践经验。我国的土木工匠们都尊称他为祖师。

白胡子老人的意思了。

工匠们正要谢过老人，却发现他不知什么时候不见了，只听空中隐约传来爽朗的笑声，这笑声和那夜间"造塔哟！造塔哟！"的声音一样。

工匠头说："一定是鲁班祖师爷来点化咱们了！"说罢，众人向空中叩头遥拜。

工地上立即热火朝天地造起塔来。工匠们先在海眼上盖了第一层，然后用土把它埋起来，修成坡道运料，接着盖第二层，和在平地上施工一样。依此类推，一直盖了13层，最后把封的土一层层剥开运走，一座巨塔就矗立在夷山上了。

自从夷山造塔以后，开封再也不冒海水了。这座塔便是闻名中外的铁塔，又被誉为天下第一塔。

阅读链接

开封曾经是我国历史上辉煌一时的名城，古名大梁、汴梁、汴州、东京、东都、开封府……是我国六大古都之一，人称"十朝都会"。鼎盛时期应为北宋，当时人口超百万，其繁华景象，有举世闻名的《清明上河图》佐证。

数千年来，黄河水滋润着这方土地，也摧残着这方土地。黄河每决堤一次，便用泥沙把这座古城覆盖一次，不屈的人们再在旧城上面建设新城，形成了"城摞城"的奇特格局。

在距黄河仅7000米的开封市地下，一层一层地掩埋了春秋战国时代以来的至少7座古城。开封的许多古迹，都已深埋地下，地面建筑，很多是复制、仿制的东西。而唯有这座孤零零的铁塔，算是赵宋王朝地道的遗民。

两朝皇帝眷顾独居寺

据说，在南北朝时期，有一位僧人曾经在开封城东北的夷山上找到了一个理想的"阿兰若"，"阿兰若"在印度语中的意思是"空闲的地方"。

这位僧人就在这远离尘嚣的野外，随便搭建了一处避风遮雨的茅草屋，以便躲开世间凡尘的打扰，好专注于打坐念佛。他给自己的"阿兰若"取了一个儒雅的名号，就是"独居寺"。

独居寺自从建立以后香火不断，延续至170年后的公元729年，独居寺

■ 秦始皇 我国历史上伟大的政治家、改革家、战略家、军事统帅。首位完成我国统一的秦朝的开国皇帝。他13岁即王位，39岁称皇帝，在位37年。秦始皇把我国推向了大一统时代，为建立专制主义中央集权制度开创了新局面，对我国和世界历史产生了深远影响。

神圣的宝塔

■ 汉武帝 刘彻，汉朝第七位皇帝，政治家、战略家。他开创了西汉王朝最鼎盛繁荣的时期，那一时期亦是我国封建王朝第一个发展高峰。他的雄才大略、文治武功，使汉朝成为当时世界上最强大的国家，他也因此成为我国历史上伟大的皇帝之一。

封禅 封为"祭天"，禅为"祭地"，是指我国古代帝王在太平盛世或天降祥瑞之时，祭祀天地的大型典礼。上古暨夏商周三代，已有封禅的传说。古人认为群山中泰山最高，为"天下第一山"，因此人间的帝王应到最高的泰山去祭过天帝，才算受命于天。

里迎来了一位重要的人物。

这一年，唐玄宗李隆基效仿秦始皇和汉武帝去泰山封禅。从泰山返回路经开封的时候，他停下歇息，漫不经心地在附近闲游，没想到他一脚迈入了独居寺。

也许是对独居寺过于寒酸的状况比较同情，唐玄宗当即下诏重修该寺。为了纪念东巡泰山封禅的活动，唐玄宗又将独居寺赐名为"封禅寺"。从此，夷山独居寺的那份清静，就活生生地被皇家之气夺去了。

到了后周时周世宗柴荣做皇帝时，他对佛教的态度截然不同。公元955年，他实行"限佛"政策，削减了后周境内的很多寺院，迫使6万多僧尼还俗。

但是，周世宗却容许开封城内的天清寺大兴土木。而天清寺又恰好在周世宗生日这天竣工，成了一个向皇帝讨好的"献礼工程"。

由于周世宗的"限佛"政策，致使他在佛教史上落了一个"恶人"的名声，他与另外三个"毁佛"的皇帝，北魏太武帝、北周武帝和唐武宗并称为"三武一宗"。

周世宗抑制佛教的主要目的是发展经济，增强国家实力。可以说，他是五代十国50余位帝王中最不糊涂的一位，他在位不过六年，却留下了一个不错的家底。

宋朝初年，封禅寺又一次被皇家眷顾。宋太祖赵

■ 赵匡胤 是宋朝开国君主，涿州人。在位16年，庙号太祖。他在位期间，加强中央集权，提倡文人政治，开创了我国的文治盛世，是一位英明仁慈的皇帝，是推动历史发展的杰出人物。

匡胤与他的前朝恩主周世宗柴荣对待佛教的态度不同。

早在公元960年，赵匡胤一登上皇位就下诏说："诸路州府寺院，经显德二年停废者勿复置，当废未毁者存之。"赵匡胤停止了前朝周世宗抑制佛教发展的做法。

也是在这一年，沧州僧人道圆由西域返回中土，宋太祖亲自接见道圆，还赠以紫色袈裟和金币。又过了两年，150多名僧人集体向宋太祖请求出游西域，宋太祖又是给以他们鼓励又是赠送盘缠。

也许是因为天清寺与周世宗关系密切，在开封城中的诸多寺院中，宋太祖独独冷落了天清寺，但对封禅寺却特别关照。

公元970年，宋太祖下诏，改封禅寺为开宝寺，并拨巨款修缮扩建。新建成的开宝寺共设24院，280区，其规模宏大、僧侣众多、殿堂

■ 现存的开宝寺龙纹古砖

巨丽、金碧辉煌。

宋太祖用自家年号给封禅寺命名，可见他对这座寺院的重视。

公元976年10月，宋太祖驾崩，他的弟弟赵光义即位。公元978年，吴越国王钱俶表示愿意把吴越国的土地献给大宋。宋太宗赵光义立即动用了上千艘船，把钱俶的亲属、官吏及吴越之地的财物悉数征入京城。

在这次行动中，一位名叫赵镕的供奉官受宋太宗指派，特意迎奉杭州罗汉寺的佛祖舍利回京城。佛祖舍利抵达开封后，宋太宗起初将其供奉在紫禁城内的滋福殿中。

这颗佛祖舍利是公元916年，吴越国王派人前往四明山阿育王寺，索要过来放到杭州罗汉寺供奉的。

公元982年，宋太宗决定在开宝寺福胜院内建一座开宝寺塔，用它来安放舍利。

阅读链接

陈桥兵变之后，原是后周殿前都点检的赵匡胤做了皇帝。由于他的母亲杜太后信佛，并时常施舍，便引起他对佛教的兴趣，也很想探究一下佛教的魅力所在。

公元961年，杜太后死去了，赵匡胤首次以皇帝的身份临幸了相国寺。

到佛像前烧香时，他问："当拜，不拜？"

僧录赞宁回答："不拜。"

他又问："何故？"

赞宁答："现在佛不拜过去佛。"

他轻轻颔首，微微一笑，算是认可。由此形成制度。从这件事上，他悟出了一个道理，原来佛教并不像韩愈所说的那么可怕，它完全可以为自己的统治服务。

名匠喻浩建造灵感塔

宋太宗赵光义不喜欢吴越王钱俶，却喜欢吴越国罗汉寺的佛祖舍利，他下令专门建开宝寺塔，以供奉佛祖舍利，最终选定吴越国木工喻皓来建造此塔。

喻皓是浙东人，出身于木匠世家，自幼便酷爱木工手艺。

在吴越国时期，喻皓曾任杭州都料匠，也就是工匠的总管，史书称其"有巧思，超绝流辈"。

吴越王钱俶曾在凤凰山麓梵天寺营建一座木塔。塔建到两三层时，钱俶亲临施工现场并攀登木塔。站在塔上，钱俶觉得塔身微微晃动，便叱责工匠。

工匠们以为塔身尚未布瓦，所以

开封铁塔局部雕刻

■ 开封铁塔公园大门

中土 即中原，又称中州，古指中原地区，华夏民族和华夏文明的发源地，黄河中下游为中心的地域概念，意为国之中，天地之中。华夏民族的祖先根据天文、地理和风水学的概念，认为位于中岳嵩山山麓的中原河南登封，位居天下居中的位置。

容易摇晃。谁知布瓦之后依然如故，工匠们只好去请教喻皓。

喻皓建议在每一层铺上木板，弄结实了，让上下成为一体，人登上去，压力均匀分布于四壁，整座塔便稳固了。大家依照喻皓的说法去做，果然有效。

据《后山丛谈》记载，喻皓自杭州到汴梁后，把京师街巷走了个遍。他每次走到相国寺门楼时，便仰脸凝望，站累了就坐下看，坐累了就躺下看。

有人问他是何原因，他说："这相国寺门楼其他的部位我都能仿效，只是对于卷檐架构不解其意。"

相国寺圣容殿前东西两旁有古井，后来喻皓负责为古井建造了井亭，果然"极其工巧"，成为相国寺十绝之一。

吴越亡国后，喻皓流落到了北方。为新主人造塔时，喻皓和在吴越时一样仍然是一丝不苟，开封人说他信佛，对造塔有瘾。

塔本自印度来，是用来珍藏佛祖舍利的建筑物。自东汉时期传入中土后，塔把许多我国的阁楼建筑元素融入其中，逐渐成为佛家的一种标志性建筑。

东汉以后，战国至西汉时期一直盛行的高台建筑逐渐为木结构高楼所替代，无论宫廷、地主庄园还是城门楼，都以木结构为尊贵。

这次奉命督造木质开宝寺塔之前，喻皓为求缜密，曾先造了一个小样。

在施工时，塔体外用帷幕遮掩，外面只能听到斧凿锤击之声，不见其形。

遇有上下榫卯不合之处，喻皓环绕塔周，边看边切磋，毛病一旦找准，马上拿起巨槌撞击数十下，即可解决。

就这样，历时8年，直至989年，木塔终于落成。塔八角13层，上安菩萨，塔下做天宫，以安奉阿育王佛舍利小塔。

时隔多年之后，欧阳修在《归田录》中记述：

> 塔初成，望之不正而势倾西北，人怪而问之。皓曰："京师地平无山而多西北风，吹之百年，当正也。"

■ 柳枝掩映的铁塔景观

■ 宋真宗 名赵恒，原名赵德昌，又曾名赵元休、赵元侃，宋朝第三位皇帝。宋真宗统治后期，信奉道教和佛教，称受天书，封泰山、祀汾阳，修建了许多寺庙。

因为开宝寺塔建于开宝寺福胜院内，所以木塔最初命名为福胜塔。

宋太宗赵光义在塔成之日，亲自手捧那座从吴越国"请"来的阿育王佛舍利小塔，安放在福胜塔上的天宫。

当时开封人闻讯都来围观，都说看到一道白光从小塔一角发出后，大塔立即大放光彩。

自从阿育王佛舍利安放到福胜塔之后，宋太宗常常临幸观瞻。

到了1013年，福胜塔塔刹的铜瓶，突然闪闪发光。消息不胫而走，还惊动了皇帝。宋真宗亲自观瞻参拜，并赐名为"灵感塔"。由于此塔位于开宝寺中，所以又被称为开宝寺塔。

阅读链接

铁塔北侧新建了一座反映灵感木塔那段历史的灵感院。灵感院正殿内供奉的释迦牟尼"白玉佛像"，是1933年，一位旅居缅甸的女华侨捐赠。

女华侨家里世代经商，但是富不过三代，生意开始衰败，华侨很郁闷，出来旅游散心，到开封灵感院时，遇到一位高僧。高僧伸出3根手指又拿出一根木棍和一块石子点化女华侨。

女华侨回去以后悟出这是高僧告诉她改行做玉石生意。改行以后，女华侨的生意蒸蒸日上，因此向寺庙捐献了这尊玉佛。佛像高约1米，由整块白玉精雕而成，秀丽端庄，晶莹剔透，堪称佳品。

仁宗一意孤行重建宝塔

可惜喻皓设计并监造的这座华美绝伦的灵感塔，在世上仅存了56年，就于1044年，遭雷击而焚毁了。

宋仁宗赵祯在位期间，京城连年发生火灾。1032年，大内失火，宫中的8座主要殿宇被烧毁。宋仁宗就把修缮大内的急务交给宰相吕夷简负责。这一项工程花费了很多钱，但事关皇家重地，也实在是不得不花，因此，大臣们也没什么话可说的。

■ 宋仁宗 北宋第四位皇帝，宋真宗的第六子。他是宋朝帝王中的明君圣主，在位时间最长，达42年。宋仁宗统治时期，国家安定太平，经济繁荣，科学技术和文化得到了很大的发展，还正式发行了世界上最早的纸币"官交子"。

神圣的宝塔

■ 现存的开封铁塔和凉亭

在灵感塔被焚毁以后，宋仁宗就派人将塔基掩埋的佛祖舍利掘出，迎入宫中供奉。当时，京城王公贵族竞相前往瞻仰舍利，并都以能够瞻仰到舍利为荣。传说佛祖舍利在宫中发光显灵，使得宋仁宗产生了重建灵感塔的想法。

当年，宋太宗建灵感塔时，就因为耗费钱财百万，而遭遇到大臣们的抱怨，当时侍御史田锡曾上书说："众以为金碧荧煌，臣以为涂膏衅血。"

当宋仁宗提出佛祖的舍利不能永远存放在皇宫内，必须建塔供奉时，主持谏院的蔡襄，首先就上书反对，他对主张重建灵感塔的种种论点进行了逐条批驳。

他说："佛祖舍利在宫中发光，有人说这是佛祖

显灵。既然佛祖舍利有神通，那它怎么连自己的灵感塔都不能保护呢？天火袭来，一夜之间就把灵感塔烧掉了，这算什么有灵验呢？"

当年蔡襄不知道佛祖舍利发光乃是物理现象，所以他解释佛祖舍利发光时说："枯久之物，灰烬之余，或有光怪，多亦妖僧之所谓也。"他最后表示，建塔可以，但最好"不费于官，不扰于民"。

为了重建灵感塔的事，谏官余靖还与宋仁宗大吵了一场。据《孔氏谈苑》记载，余靖是一个不修边幅、大大咧咧的谏官。时至盛夏，天气酷热，余靖一身臭汗就上朝了，他要面见宋仁宗进行劝谏。谁知二人话不投机，余靖便不顾君臣礼仪，凑到仁宗跟前吹胡子瞪眼睛。

宋仁宗后来抱怨说："这厮一身臭汗，差点儿把我熏死！"

为了阻止宋仁宗大兴土木，文人欧阳修还专门写了《上仁宗论京师土木劳费》一文。他在文章中说，开先殿仅仅是两根柱子损坏，已经花费了1.7万多钱。他还说，纵使肥沃的土地不生他物，唯产木材，也不能满足本朝土木建筑所需。既然开宝、兴国两寺塔和其他寺观、宫阙皆焚毁荡尽，足见上天厌恶过度奢华，所以希望陛下吝惜国财民力……

关于重建灵感塔一事，臣下投反对票的太多，宋

■ 开封铁塔佛像浮雕

开封铁塔

诏书 是皇帝布告天下臣民的文书。在周代，君臣上下都可以用诏字。秦王政统一六国，建立君主制的国家后，自以为"德兼三皇，功高五帝"，因此号称皇帝，自称曰朕。并改命为制，令为诏，从此诏书便成为皇帝布告臣民的专用文书。

伎乐 是指在露天演出的音乐舞蹈剧，即我国的乐舞，由于隋初设置国伎、清商伎、高丽伎、天竺伎、安国伎、龟兹伎、文康伎七部乐而得名，传入日本后或称伎乐舞。

供养人 是指因信仰某种宗教，通过提供资金、物品或劳力，制作圣像、开凿石窟、修建宗教场所等形式弘扬教义的虔诚信徒。也指那些出资对其他人提供抚养、赡养等时段性主要资助的个人或团体。

■ 现存的铁塔塔身

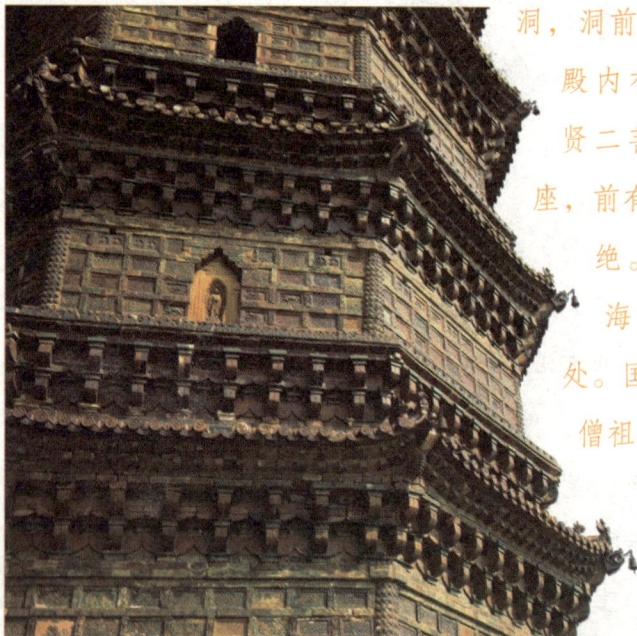

仁宗也只好息事宁人，暂缓建塔，将重建灵感塔的计划搁置了4年。

1049年，宋仁宗下诏书重建灵感塔，以安置佛祖舍利。这一次，也许是慑于天子的威严，没有多少人再对此发表反对意见了。灵感塔的重建，就这样随着皇帝诏书的颁布正式开始施工了。不知过了多少年，新塔终于建成了。

《汴京遗迹志》记载：

上方院，在城之东北隅安远门里夷山之上，即开宝寺之东院也。一名上方院。宋仁宗庆历中，开宝寺灵感塔毁，乃于上方院建铁色琉璃塔，八角十三层，高三百六十尺，俗称铁塔。

寺旧有漆胎菩萨五百尊并转轮藏黑风洞，洞前有白玉石佛。后殿内有铜铸文殊、普贤二菩萨骑狮像，莲座，前有海眼井，世谓七绝。元末毁于兵，海眼井亦久失其处。国朝洪武十六年，僧祖全募缘重建。

重建灵感塔时，吸取了前身木塔

被焚的教训，改用了耐火绝缘、能抗雷击的琉璃砖瓦为材料，宋仁宗要把塔建成一座琉璃砖塔。这种瓷砖的另一个特点是耐压，坚固牢靠。

塔址也从开宝寺的福胜院移到夷山之上的上方院。上方院又称为上方寺，所以新塔又被称为上方寺塔。

重新修建的琉璃砖塔高55米多，八角13层。整座塔通身用28种不同形状的结构砖组合，在柱、枋、斗拱等咬合的接合处都是用特别烧制的有榫、有卯的子母砖紧紧地扣合在一起，严丝合缝，浑然一体，如铁铸一般。

远望琉璃砖塔，铁色琉璃瓦遍饰全身，色调具有铁打铜铸的深厚气质，由此，民间将塔称为"铁塔"。而且整座塔身上下收分比例协调自然，视觉差比例匀称美观，气势惊人。

走近细看，琉璃砖塔遍身装饰都是琉璃浮雕艺术

■ 麒麟 亦作"骐麟"，简称"麟"，古代传说中的仁兽、瑞兽，与凤、龟、龙共称为"四灵"。据说麒麟原型实际上是当年郑和下西洋从南非带回来的长颈鹿。后经历代民间艺人加工，糅合进了龙头、鱼鳞、牛蹄等神话形象与现实事物而成的一个形象。

天下第一塔

开封铁塔

品，各种花纹砖有50余种，佛像砖有菩萨、飞天、五僧、立僧等；动物图案砖有狮子、云龙、降龙、双龙和麒麟等；花卉砖有宝相花、海石榴花、莲荷花、牡丹花和芍药花等，还有璎珞、流苏等装饰花纹砖。

而在挑角、拔檐和转角等处采用各种艺术装饰砖，有麒麟、套兽、云龙猫头和重檐滴水等，共20多种。可以说每块砖都是做工精细、栩栩如生，非常完美的琉璃艺术品。

琉璃砖塔在塔门的设计上也是独具匠心，不用半圆门，而采用上尖下方的圭形门，用五层云纹砖逐层收压，其外观像佛龛，而更为坚固。琉璃砖塔内有砖砌蹬道168级，绕塔心柱盘旋而上，人可沿此道扶壁而上，直达塔顶。登上塔顶极目远望，可见大地如茵，黄河似带，顿觉飘然如在天外一般。

阅读链接

琉璃砖塔到底是由谁设计的，由谁负责建造的，史书并没有记载，甚至连此塔的落成时间，也没有明确记录。

河南大学教授魏千志先生先从史书入手。宋人王瓘撰于1071年的《北道刊误志》，是一部记载历史地理的书籍，其中记有关于北宋京都开封及河北大名府的史料。可惜的是，该书并没有开封铁塔的记载。唯一的解释是，当时铁塔并未落成。

后来魏先生登上铁塔，仔细观察，终于在塔身第三层发现刻有"治平四年"字样的砖块。在塔顶发现刻有"熙宁"字样的砖块。这充分证明，在治平四年，也就是1067年，铁塔仍在建造，而在熙宁年间，工程已近完工。魏先生判断，铁塔的落成时间，大概在熙宁年间后期，即是1073年至1077年之间。

铁塔遭遇战火仍屹立荒野

　　铁塔建成后不久的1085年，在开宝寺举行了科举考试，当时的书法家蔡卞为主考官。2月18日这天晚上，刚刚开始考试，考场突然起火。当时，身为开封府知府的蔡京立即率领官兵们救火。

开封北宋皇宫遗址

铁塔公园内神道

神圣的宝塔

由于当时寺院建筑高大，火势迅猛，因此官兵们束手无策，只能眼睁睁地看着大火把房屋烧毁。后来，官兵们凿开墙壁，蔡卞等人才得以逃出。

1126年，金兵渡过黄河，攻陷了北宋都城开封。第二年，北宋灭亡。南宋初建时，开封先是归伪楚张邦昌，继而又归伪齐刘豫。张邦昌的傀儡政权在维持了32天之后，不得不恭请北宋第七位皇帝宋哲宗的皇后元佑孟氏垂帘听政。

1130年7月，金朝册立刘豫为皇帝，国号大齐。刘豫以山东东平为东京，改原来东京开封为汴京，从此，开封就被称为汴京了。

1132年4月，刘豫将国都迁往汴京。5年后，金废掉伪齐刘豫，置行台尚书省，也就是一个地方行政机关于汴京，并设汴京路开封府。

1153年，金改汴京为南京，汴京路亦改称南京路。到1214年，因受到蒙古势力的侵扰，金被迫将都城迁至开封，并重新整修了被毁的北宋开封的皇宫。

13年后，金为了防御蒙古军的进犯，又重修了外城。金朝以开封为都19年后，蒙古军攻下南京，金朝灭亡。

从北宋灭亡到金朝灭亡，开封经过了100多年。其间铁塔的命运，有记载说，1225年，金国第九位皇帝金哀宗的母亲明惠皇后曾经为了祈求国运长久，重新修葺了上方寺，当时，铁塔尚在。

蒙古军占领开封后，设立了河南江北行中书省，并保留了南京路。自此，开封归于蒙古人统治。

1271年，元世祖忽必烈改定国号为元。8年后，灭了南宋。至1288年，元朝改南京路为汴梁路，从此，开封就被称为汴梁。元朝统治期间，曾两次修建开封城垣，修凿贾鲁河。

元朝末年，民族矛盾和阶级矛盾进一步尖锐化，全国各地纷纷爆发农民大起义。

在重重战火之中，铁塔所在上方寺的诸多殿宇化为灰烬，唯独铁塔岿然不动，岿立于荒野。

阅读链接

铁塔燃灯是开封人民自汉代沿袭下来的习俗，每年的元宵节和中秋节最盛行。唐代，睿宗景云二年正月十五夜燃灯千盏，重开宵夜。玄宗增至十四、十五、十六，3个晚上放灯。宋太祖赵匡胤时，又加十七、十八两天，共为5个晚上。

明清时期的中秋之夜，铁塔上遍点灯盏，一次就用油50斤，远望如同火龙，辉煌炫目如同白昼。

明代中期文学家李梦阳有一首《观灯行》的诗，在极力渲染开封元宵节燃灯盛况的同时，还对统治者骄奢淫侈的生活有所讥讽，他写道："正月十四十五间，有诏大驾观鳌山。万金为一灯，万灯为一山。用尽工匠力，不破君王颜……"

接引佛铜像永伴孤塔旁

仰望开封铁塔

在数百年的岁月中，铁塔饱受凄凉。自从独居寺改为封禅寺以后，寺院建了毁，毁了又建，最后只有接引佛铜像和寂寞的铁塔相依为命了。铜铸的接引佛重达12吨、高5米多，为北宋时期所铸，明朝安放在祐国寺的大殿里。

明朝末年，一次大水冲来，祐国寺大殿的顶被掀翻了，墙被冲倒了，铜像从此饱受日晒雨淋。直至1751年，再次整修寺院时，接引佛才又重入殿堂之中。

1841年，开封被洪水围困长达8个多月。当时，为了阻挡洪水，开

■ 开封铁塔公园接引殿内接引佛

封的5个城门全都用土给封死了，开封城也就成了洪波浩渺之中的孤岛，随时都面临着洪水灌城的灾难。

没办法，开封在城的东、西、北3门都设立了临时应急机构，用来每日收购民间的砖、木和石头用以防洪。在这危急时刻，有人拆了铁塔旁的佛殿，把砖木运到城墙上抗洪去了。

那次水灾过后，只有铁塔和接引佛兀立在开封夷山不毛之地，寂寞无主。至1930年，开封城改造街道，将街面拆下的木料和砖瓦收集起来，在铁塔的南面修筑了一座八角亭以供奉接引佛铜像。有了八角亭的庇护，接引佛总算不再露宿野外了。

1938年，铁塔塔身又中弹七八十发，塔身北侧遍体鳞伤，第八层和第九层被打穿了外壁，留下了两个两米大的深洞，而铁塔渗透着开封人的心血汗水，像一位威武不屈的战士一样巍然屹立于古城大地。值得

北宋是我国历史上一个强盛的、繁荣的王朝。从公元960年由宋太祖赵匡胤建立起，至1126年金兵攻入开封止，被称为北宋，都开封。北宋王朝的建立，结束了自唐末而形成的四分五裂的局面，使中国又归于统一，但由于与宋同时代的辽、金、西夏等国的强大，使北宋政权一直处于外族的威胁之中。

庆幸的是，八角亭竟毫发无损、安然无恙。

对此，民间老人们解释说：铁塔作为一座佛塔，经历了如此多的灾难而不倒塌，是受佛祖保佑的结果。佛教相信三世轮回，所以当地信佛的老人常告诉人们，如果你围绕铁塔左绕3圈，右绕3圈，佛祖将保佑你一生平安。

1953年7月，河南省文物局把维修铁塔列为名胜古迹重点修缮工程。1954年，组织工程技术人员和考古人员对铁塔进行全面勘察和设计。1956年，成立了铁塔修复委员会，本着"修旧如旧"的原则，制订了维修方案。

1957年6月开始动工，到10月底全部修复竣工。同时还安装了104个铁铸风铃，增装了洞门铁栏和避雷针。千年宝塔以崭新的面貌展现在世人面前。

阅读链接

北伐战争时，冯玉祥将军率军进驻开封。当时的开封已经是遍体鳞伤。当冯玉祥看到铁塔时，便想该怎么去维修它。突然，他的计谋来了。

在开封城内有一个叫"龙凤祥"的店铺，是当时的大户，但他们的老板莫掌柜却异常吝啬。

有一天，冯将军到了"龙凤祥"，称自己收养了一个13岁的黑丫头，想托付莫掌柜代养。

莫掌柜一听，满口应承了下来。冯玉祥将军说这个黑丫头，你要好生照料，可不能委屈了她。要给她买新衣服，要保护好她。

二人立下字据，冯将军以10万现大洋的价格卖给了莫掌柜，然后领着莫掌柜去看黑丫头。他们来到了铁塔公园。冯将军指着铁塔说："这就是我的黑丫头！"莫掌柜自知上当却又不敢不从。